城市轨道交通信号专业精品教材

城市轨道交通车载信号系统

主编　任　远　田建兆
主审　林瑜筠

北京交通大学出版社
·北京·

内 容 简 介

本书的主要内容包括：城市轨道交通车辆简介，城市轨道交通车载信号设备综述，基于轨道电路的 ATC 系统的车载设备，CBTC 系统的车载设备。

本书是城市轨道交通信号专业精品教材之一，是高等院校及中职学校城市轨道交通信号专业的教材，亦可作为从事城市轨道交通信号工作的工程技术人员和技术工人的学习资料，也可作城市轨道交通技术培训用书。

图书在版编目（CIP）数据

城市轨道交通车载信号系统 / 任远，田建兆主编. —北京：北京交通大学出版社，2019.4
ISBN 978-7-5121-3777-6

Ⅰ. ① 城… Ⅱ. ① 任… ② 田… Ⅲ. ① 城市铁路–交通信号–信号系统–教材 Ⅳ. ① U239.5

中国版本图书馆 CIP 数据核字（2018）第 257647 号

城市轨道交通车载信号系统
CHENGSHI GUIDAO JIAOTONG CHEZAI XINHAO XITONG

策划编辑：张　亮　龙嫚嫚　　责任编辑：龙嫚嫚
出版发行：北京交通大学出版社　　电话：010-51686414　　http://www.bjtup.com.cn
地　　址：北京市海淀区高梁桥斜街 44 号　　邮编：100044
印 刷 者：三河市华骏印务包装有限公司
经　　销：全国新华书店
开　　本：185 mm×260 mm　　印张：8　　字数：200 千字
版　　次：2019 年 4 月第 1 版　　2019 年 4 月第 1 次印刷
书　　号：ISBN 978-7-5121-3777-6/U・352
印　　数：1～2 000 册　　定价：29.00 元

本书如有质量问题，请向北京交通大学出版社质监组反映。对您的意见和批评，我们表示欢迎和感谢。
投诉电话：010-51686043，51686008；传真：010-62225406；E-mail：press@bjtu.edu.cn。

前　言

城市轨道交通（包括地下铁道和轻轨交通等）具有运量大、速度快、安全可靠、污染轻、受其他交通方式干扰小等特点，对改变城市交通拥挤、乘车困难、行车速度下降、空气污染是行之有效的。因此，城市轨道交通是现代化都市所必需的。20 世纪 90 年代以来，我国城市轨道交通加快了建设步伐，尤其是进入 21 世纪，迎来了城市轨道交通建设的高潮。目前，除北京、上海、天津、重庆、广州、深圳、武汉、南京、杭州、宁波、厦门、青岛、沈阳、大连、长春、哈尔滨、成都、西安、苏州、无锡、福州、南昌、长沙、昆明、郑州、合肥、南宁、石家庄、佛山、东莞、贵阳、济南等城市已建成规模和档次不同的地铁和轻轨并进行扩展和延伸外，还有常州、徐州、南通、绍兴、洛阳、兰州、乌鲁木齐、芜湖、太原、呼和浩特等已在建设。此外，香港、台北、高雄、桃园、新北也在运营城市轨道交通。我国城市轨道交通总里程已超过 5 000 km，居世界第一位，而且许多线路正在建设中，呈现着十分广阔的发展前景。

在城市轨道交通的各系统中，信号系统是非常重要和关键的，具有不可替代的作用。城市轨道交通的安全、速度、输送能力和效率与信号系统密切相关，采用 ATC 系统已成为城市轨道交通的共同选择。信号系统不仅是城市轨道交通安全运行的保证，而且实际上已成为城市轨道交通调度指挥和运营管理的中枢神经。选择合适的信号系统可以产生巨大的经济效益和社会效益。

本书是城市轨道交通信号专业精品教材之一，是学习《城市轨道交通信号概论》的后续课程教材。本书主要介绍车载信号设备。第一章是城市轨道交通车辆简介，介绍城市轨道交通车辆的基本情况。第二章是城市轨道交通车载信号设备综述，介绍车载信号设备的组成、功能及基本原理。第三章是基于轨道电路的 ATC 系统的车载设备，介绍还在使用的各主要制式的 ATC 系统的车载设备。第四章是 CBTC 系统的车载设备，介绍各种制式的 CBTC 系统的车载设备。

本书与《城市轨道交通信号概论》合理分工，既互相呼应，互相补充，又不重复。对于 ATP/ATO 系统，本书不介绍其基本组成和基本原理，只介绍具体的车载 ATP/ATO 设备。对于基于轨道电路的 ATC 系统，只介绍还在使用的各主要制式的车载 ATP/ATO 设备。而对于 CBTC 系统，则尽量介绍各种制式的车载 ATP/ATO 设备。本书还简要介绍了车辆的简况，主要是车辆的控制、制动和车门的控制，以便于理解与车载 ATP/ATO 设备的接口。

本书由南京铁道职业技术学院任远、田建兆担任主编，林瑜筠担任主审。任远编写了第一章和第四章，田建兆编写了第二章和第三章。

由于我国城市轨道交通设备，制式纷杂，资料难以搜集齐全，再加上编者水平所限，时间仓促，教材中不免有错误、疏漏、不妥之处，恳望读者批评指正，以不断提高本教材水平，为我国城市轨道交通事业的发展尽绵薄之力。

编　者

2019 年 3 月

目　　录

第一章

城市轨道交通车辆简介

车辆是城市轨道交通的运载工具，也是城市轨道交通最重要的设备。实际上，城市轨道交通的车辆就是动车组，只是不这么称呼。

第一节　城市轨道交通车辆概述

一、城市轨道交通对车辆的要求

城市轨道交通车辆的数量、品种、质量和技术水平直接影响城市轨道交通发展和运营。因此，要求车辆具有相当的先进性、可靠性和实用性，要求其不仅要保证车辆运行的安全、快速、准点、平稳，而且还要为乘客提供良好的服务条件。车辆的容量要大，使乘客乘车舒适、方便，而且还要考虑节能、外观美观、低噪声等对城市的景观和环境的影响。

城市轨道交通车辆作为城市公共交通工具，主要在地下隧道、高架和地面轨道上运行，线路曲线半径小，坡度大；站距短，起动和停车频繁，车辆起动加速度和制动减速度都比较大；客流量大而集中，高峰时严重超载。

车辆的设计应遵循减少能耗、减少发热设备的原则，以控制隧道内温度升高，为此要尽量减轻自重，选择效率高的传动系统。

由于运行密度较高，为确保安全行车，城市轨道交通的信号和通信系统比较复杂，所以车载信号和通信设备及车辆的控制系统，应有良好的适应能力。

车辆及其设备禁止使用易燃材料，应采用高阻燃性、低发烟浓度、低毒性的环保材料。

二、城市轨道交通车辆分类

1. 按牵引动力配置分为动车和拖车

城市轨道交通列车均为电动车组，由动车和拖车组成。

动车自身具有动力装置（装有牵引电动机），具有牵引与载客双重功能，动车又可分为带有受电弓的动车和不带受电弓的动车。

拖车不装备动力装置，需具有动力牵引功能的车辆牵引拖带，仅有载客功能。可设置司机室，也可带受电弓。

2. 按驱动方式分为旋转电动机驱动和直线电动机驱动

旋转电动机驱动包括直流电动机驱动和交流电动机驱动，都是依靠轮轨黏着作用传递牵引力的。直线电动机驱动，将传统电动机从旋转运动方式改为直线运动方式，由于取消了传统的旋转电动机从旋转运动转换成直线运动的机械变速传动机构，使转向架结构简单、质量小。

3. 按车体制作材料分为钢骨车和新型材料车

钢骨车的车底架、车体骨架等受力部分采用钢材制作，其他用木材或合成材料制作；新型材料车采用轻质合金材料，如铝合金、钛合金等，以降低车辆自重，提高承载能力和运输效率。

4. 按连接方式分为贯通式或非贯通式

贯通式的全列车载客部分贯通，以使乘客沿全列车走动，可以有效调节各个车辆的载客拥挤度，在全列车中均匀分布，也有利于在列车发生意外事故时疏散乘客。非贯通式车辆之间无通道贯通。

三、城市轨道交通车辆组成

城市轨道交通车辆不管是动车还是拖车，主要由车体、转向架、车钩缓冲装置、制动装置、受流装置、电气牵引系统、内部设备等部分组成。

1. 车体

车体是容纳乘客的地方，是司机驾驶的处所，又是安装与连接其他设备和部件的基础。车体分为有司机室和无司机室两种。

2. 转向架

转向架位于车体与轨道之间，用来支撑车体，牵引和引导车辆沿着轨道行驶，承受与传递来自车体及线路的各种载荷并缓和其冲击作用。转向架分为动力转向架和非动力转向架，动力转向架安装在动车上，非动力转向架安装在拖车上。

3. 车钩缓冲装置

车辆借助于车钩编组成列车。为了改善列车的纵向平稳性，在车钩的后部装设缓冲装置，以缓和列车的冲击。另外还必须有连接车辆之间的电气和空气的管路。

4. 制动装置

制动装置是使车辆减速、停车，保证列车安全运行必不可少的装置。不仅在动车上，而且在拖车上也要设置制动装置，才能使运行中的车辆按需要减速或在规定的距离内停车。

5. 空调通风系统

为改善车厢的空气质量必须要有通风装置，随着城市轨道交通车辆服务质量的提高，目前均采用空调通风系统。

6. 受流装置

受流装置从接触导线或导电轨将牵引电流引入动车。接触网受流采用受电弓。第三轨受流采用轨道受流器。

7. 电气牵引系统

电气牵引系统指车辆上的各种电气设备、牵引设备及其控制电路。车辆电气牵引系统有直流电气牵引系统和交流电气牵引系统两种。随着电力电子技术和微电子技术的发展，目前

几乎所有车辆都采用交流牵引电动机和交流调频调压控制的交流电气牵引系统。

8. 内部设备

车辆内部设备包括：照明、通风、取暖、空调、座椅、扶手等服务于乘客的固定附属装置，以及蓄电池箱、主控制箱、电动空气压缩机组、总风缸、电源变压器、各种电气开关和接触器箱等服务于车辆运行的装置。

9. 列车控制和诊断系统

微机控制系统有自我监控和诊断功能，能对列车主要设备的运行状态和故障自动进行信息采集、记录和显示。

10. 乘客向导系统

城市轨道交通车辆乘客向导系统向乘客提供列车运行信息、安全信息和其他公共信息；在列车发生故障或事故时，向乘客提供回避危险的指挥、指导信息等。

四、城市轨道交通车辆的特点

1. 载客能力较强

由于城市轨道交通车辆服务于城市居民的市内交通，车内的平面布置上有其特征，座位少，车门多且开度大，内部设备十分简单等。大型车辆可载客 350 人/辆。

2. 动力性能良好

为了适应城市轨道交通线路曲线半径小、坡度大、停站多的运营条件，城市轨道交通车辆的加速能力强，制动效果好。

3. 安全可靠性较高

城市轨道交通车辆设备先进，可靠性稳定性强，故障率低，在突发情况下适应性强（防火、紧急出口等）。

4. 环境条件优越

城市轨道交通车辆设计有完善的照明和空调，并且提供适量的座椅和众多的扶手。

五、城市轨道交通列车编组

城市轨道交通车辆均采用电动车组，固定编组，辆数为 4～8 节，依据客流量而定。一般采用 6 节编组，其中包含两辆带司机室的拖车（A 或 Tc）、两辆无司机室带受电弓的动车（B 或 Mp）、两辆不带受电弓的动车（C 或 M）。

第二节　车 辆 机 械

城市轨道交通车辆的机械部分包括车体、车门、转向架、车钩缓冲装置、制动装置、空调通风系统等。

一、车体

车体是城市轨道交通车辆的主体结构。它坐落在转向架上，是车辆的上部结构，构成车辆的主体，用以载客。车体底架下部及车顶上部安装有车钩缓装置、制动设备、空调装置、电气设备和内装设施等。它要承受和传递各种动静载荷及震动，还要隔音、减震、隔热、防火，在事故状态下尽可能保证乘客的安全。

1. 车体结构

城市轨道交通车辆车体分为带司机室车体和无司机室车体两种。车体按结构功能分为车体（壳体）、车门、车窗、贯通道和内装饰。

车体由底架、车顶、侧墙、端墙等部件组成，为封闭筒形整体承载结构。

2. 车体材料

按使用的主要材料，车体分为碳素钢、不锈钢、铝合金三大类。

车体原来采用普通碳素钢制造，由普通碳素钢型材构成骨架、外侧包薄钢板，构成一个闭口的整体承载的筒形薄壳结构。由普通碳素钢制成的车体，自重大，在使用中腐蚀十分严重，增加了维修的工作量和开支。因此对车体的板材、型钢要进行预处理，清除表面锈垢或氧化皮，预涂底漆；车体组焊后要及时修补预涂底漆；车体完工后再喷涂防锈底漆。为了提高车体的耐腐蚀性，延长车体的使用寿命，采用了含铜或含镍铬等合金元素的耐腐蚀的低合金钢（耐候钢）制造，可使车体结构自重减轻。

采用半不锈钢（包板为不锈钢，骨架为普通碳素钢）或全不锈钢车体，免除了车体内壁涂覆防腐涂料和表面油漆，在保证强度、刚度的前提下，板厚可减小，简化了工艺，减轻了自重，同时也提高了使用寿命。

铝合金车体，由挤压铝型材拼焊而成，与钢制车体相比，焊缝数量和焊接工作量大大减少，焊接变形易于控制，质量大为减小，工艺更为简单、标准、规范，可保证车体承载结构在使用寿命期内（30 年）无须结构性维修和加固。

无论何种车体，车体内表面均应喷涂 2～4 mm 厚的防震隔音阻尼涂层。

3. 车体的轻量化

车体的轻量化不仅节约制造材料，减轻车辆走行部分和线路的磨耗，延长使用寿命，而且在相同客流的条件下可降低牵引动力的消耗，带来巨大的经济效益，具有重要的现实意义。

车体轻量化的措施包括采用轻型材料，改进构件结构。车体承载结构一般采用大型中空截面铝合金挤压型材、高强度复合材料或不锈钢。车体其他辅助设施尽量采用轻型高科技新材料。另外，对车体其他辅助设施也尽量采用轻型化材料。

二、车门

车门包括客室车门、紧急疏散安全门、司机室门和司机室通道门。

1. 客室车门

客室车门简称车门，用于乘客上、下车。

（1）对车门的基本要求

根据城市轨道交通的特点，车门应有足够的有效宽度；要均匀分布，以方便乘客上、下车；数量足够，使乘客上、下车时间满足运行密度的要求；车门附近要有足够的空间，方便乘客上、下车时周转；要确保乘客的安全；具有较高的可靠性。

（2）车门的驱动方式

按照驱动系统的动力来源，分为电动式车门（电动门）和气动式车门（气动门）。电动

式车门的动力来源是直流电动机或交流电动机。气动式车门以压缩空气为动力，动力来源是驱动气缸。

（3）车门开启方式

按照车门的运动轨迹及与车体的安装方式有内藏嵌入式移门、外挂式移门、塞拉门、外摆式车门四种形式。

内藏嵌入式移门简称内藏门。在车门开/关时，门叶在车辆侧墙的外墙板与内饰板之间的夹层内移动。传动系统设于车厢内侧车门的顶部，装有导轮的门叶可在导轨上移动，传动机构的钢丝绳、皮带或丝杠与门叶相连接，气缸或电动机驱动传动机构，从而实现车门的往复开/关动作。

外挂式移门简称外挂门。它的门叶和悬挂机构始终位于侧墙的外侧，其传动机构的工作原理与内藏嵌入式移门完全相同。

塞拉门的门叶借助车门上方安装的悬挂机构和导轨导向作用，由电动机驱动机械传动机构使门叶沿着导轨滑移。车门在开启状态时门叶贴靠在侧墙的外侧，车门在关闭状态时门叶外表面与车体外墙成一平面。这不仅使车辆外观美观，而且也有利于在高速行驶时减小空气阻力，车门不会因空气涡流产生噪声，也便于自动洗车装置对车体进行清洗。

外摆式车门简称外摆门。开门时通过转轴和摆杆使门叶向外摆出并贴靠在车体的外墙板上，门关闭后门叶外表面与车体外墙成一平面。这种车门在开启的过程中，门叶需要较大的摆动空间。

（4）车门的机械结构

① 气动门的机械结构。

每扇气动门由驱动气缸、门控电磁阀、机械传动系统、行程开关和门叶等组成。气动门由压缩空气驱动气缸，作用于驱动气缸活塞，再由活塞杆带动机械传动系统使两扇门叶同步反向移动，完成车门的开、关动作。

驱动气缸是执行开、关门动作的执行元件，为双重活塞、双作用式结构，由压缩空气推动其活塞运动，再通过机械传动系统将推力传递至门叶。整个气缸处于浮动状态，不会因车体变形使活塞在气缸内产生卡死现象。驱动气缸的性能直接影响车门的开、关动作是否可靠。

门控电磁阀有三个两位三通电磁阀，分别为开门、关门和解锁电磁阀；四个节流阀，其功能分别为调节开门速度、关门速度、开门缓冲和关门缓冲；两个快速排气阀的集成阀，相当于一个双向选择阀，将主气缸两端排气管排向大气。

机械传动系统由钢丝绳、绳轮、防跳轮、滚轮和上下导轨等组成，将驱动气缸活塞杆的运动传递至两扇门叶，使车门动作。

门叶内、外表面为铝合金板，内部为铝箔构成的蜂窝结构，以提高门叶的抗弯刚度和减小质量，面板与蜂窝结构采用胶黏剂加温加压黏结成一体。门叶上部装有由钢化玻璃及氯丁橡胶密封条组成的玻璃窗。门叶的前后边装有橡胶密封条，保证门叶关闭时有良好的密封效果。门叶前边的橡胶条又称为护指橡胶，在车门关闭瞬间起保护乘客免于被夹伤的作用。

行程开关是反映车门开、关动作的限位开关。在开、关车门时，行程开关把车门的机械动作变成电信号反映到车门的监控回路，使司机随时了解车门的开、关状态。四个行程开关分别对门钩位置、关门行程、门控切除及紧急手柄位置进行监控和显示。

② 电动门的机械结构。

电动门由门叶、门叶悬挂机构、驱动电动机、传动装置（由齿式皮带和丝杆/球螺母等组成）、控制器、闭锁装置和紧急开门装置组成。每组车门由直流电动机驱动，通过丝杠螺母传动机构传动，采用先进的电子门控单元（EDCU）控制。

（5）车门的电气控制系统

气动门的电气控制系统完成车门控制、车门动作监视和列车控制电路联锁等，以保证车门动作的可靠和行车安全。车门的电气控制系统具有车门开关控制、客室车门监控回路和列车再开门功能。车门电气控制系统采用电子控制技术，可根据需要编制程序，修改操作过程。

① 车门开、关的操作模式。

车门的开、关是由司机按动司机室左、右侧墙上的开关门按钮来完成的，按钮上带有指示灯，显示车门的状态。车门的电气控制系统有两种操作模式：在 ATP 系统开通的状态下进行操作，在 ATP 系统关闭的状态下进行操作。

ATP 系统开通时的开、关门控制：司机按下开门按钮时，按钮内的指示灯点亮，这是开门的必要条件（前提条件是站位对准、车速为零、钥匙启动）；向解锁气缸充气，打开门钩，气缸内的活塞杆推动门叶滑动，做好开门准备；具备了开门的必要条件且做好了开门的准备后，即可打开车门；门钩复位，关闭车门。为了提醒乘客不要被车门夹住，在关门前设置关门报警。报警时蜂鸣器鸣叫 4～5 s，蜂鸣器停止鸣叫后车门关闭。

ATP 系统关闭时的开、关门控制：当 ATC 系统出现故障时，列车关闭 ATP 系统，实行人工驾驶模式，这时司机转动司机室后墙的开关处于关闭状态，此后的程序与上述 ATP 系统开通时的开、关门动作相同。

② 车门的监控。

为了保证安全运营，必须有一套有效的车门监控装置来监控列车全部车门开、关状态。该装置全方位监控车门，具有自动故障报警和记录的功能。司机首先通过关门按钮上的按钮灯亮或暗来判断全列车的车门是否关闭及锁定，然后根据司机台的显示屏显示内容或车外侧侧墙灯、车门灯来进一步确认。当某扇车门由于故障而不能正常开、关时，可使用方孔钥匙通过应急拉手旁的行程开关将该单扇门的控制电路切除，使该门处于关闭状态而不能开启。

③ 列车再开门。

为了防止在开关门时夹伤乘客，车门还设有防夹装置。当车门在关闭过程中，如果乘客或随身携带的物品被夹持在待关闭的车门门叶之间，则司机实施再开门功能，即再按一下开门按钮，此时仅有未关闭的车门再次开启，并隔 4～5 s 后自动关闭。

2. 紧急疏散安全门

紧急疏散安全门设在 A 车司机室中间的前端墙上。在紧急情况下，向前放到路基上，成为踏板，乘客可通过此踏板疏散。在司机室内或室外都可开启紧急疏散安全门。

3. 司机室门

司机室门设在司机室两侧，供司机上、下车。

4. 司机室通道门

司机室通道门设在司机室后端墙中间，通向客室，在客室一侧设开门把手，在正常情况下不允许乘客开启，当发现危险情况时，可启用该门上方的一红色紧急拉手，开启通道门。

三、转向架

转向架是支承车体及其荷载并使车辆沿着轨道走行的装置，每辆车装有两台转向架。转向架是保证车辆运行质量、动力性能和运行安全的关键部件。

1. 转向架的作用

转向架具有以下作用：

① 转向架利用车轮的轮缘与钢轨引导车辆沿着轨道行驶，一般利用转向架轮对踏面与钢轨的黏着力传递牵引力和制动力，通过转向架的轴承装置使车轮沿着钢轨的滚动转化为车辆沿线路运动的平动。

② 转向架相对车体可自由回转，使车辆能灵活地通过曲线，减少运行阻力与噪声，提高运行速度。

③ 支承车体，承受并传递从车体至轮轨的各种载荷及作用力，使各轴的质量均匀分配。

④ 采用转向架可增加车辆的载重、长度和容积，提高列车运行速度。

⑤ 在转向架上安装弹簧减震装置，缓和车辆和线路之间的相互作用，减小震动和冲击，减小动应力，提高车辆运行的平稳性，保证车辆具有良好的动力性能。

⑥ 在转向架上安装制动装置，传递制动力，满足运行要求。

⑦ 在动车转向架上安装牵引电动机及变速传动装置，驱动轮对（或车轮）使车辆运行。

2. 转向架的组成

转向架一般由构架、轮对、轴箱装置、弹簧减震装置和（基础）制动装置、中央牵引装置等组成。动车转向架还装设有牵引电动机及变速传动装置。

构架是转向架的基础，将车体与走行部件连成一体，它把转向架的各个零部件组成一个整体。构架用于支撑车体，实现列车的平移，传递列车的牵引力和制动力。它是车体减震与悬挂件的基础，满足各零部件组装的要求。

轮对直接向钢轨传递车辆质量，通过轮对间的黏着产生牵引力或制动力，并通过轮对的回转实现车辆在钢轨上的运行。

轴箱装置是联系构架和轮对的活动关节，使轮对的滚动转化为车体沿轨道的平动。

弹簧减震装置在轮对与构架或构架与车体之间，可减少线路不平顺和轮对运动对车体的各种动态影响（如垂向震动、横向震动和通过曲线等）。

（基础）制动装置的作用是传递制动闸缸产生的制动力或单元制动机产生的制动力，使转向架内摩擦力转换为轮轨之间的外摩擦力（制动力），产生制动效果，使运行中的车辆在规定的距离范围内停车。

中央牵引装置是车体与转向架的连接部分，其结构应能满足安全可靠地架承车体，并传递各种载荷和作用力，车体与转向架之间能绕不变的旋转中心相对转动，以使车辆顺利通过曲线。

动车的转向架上还装有牵引电动机和变速传动装置（包括联轴器、齿轮箱、齿轮箱悬挂装置等），使牵引电动机的扭矩转化为轮对上的转矩，提供牵引力，利用轮轨之间的黏着作用，驱动车辆运行，也提供制动力（电制动力）。

3. 轮对

轮对的作用是沿着钢轨滚动，将轮对的滚动转化为车体的平移；除了传递车辆质量外，还传递轮轨之间的各种作用力，包括牵引力和制动力。轮对是由一根车轴和两个相同的车轮采用过盈配合使之牢固地结合在一起。轮对是组成转向架的重要部件之一。

（1）车轴

车轴绝大多数为圆截面实心轴，采用优质碳素钢加热锻压成型，再经热处理和机械加工制成。车轴为转向架的簧下部分，减小其质量对改善车辆运行性能和减少对轮轨动力作用有很大影响。由于车轴主要承受横向弯矩作用，截面中心部分应力很小，制成空心结构后，对车轴的强度影响很小，可减小 20%～40%的质量。

（2）车轮

车轮按结构分为整体车轮和带箍车轮两种。整体车轮按其材质可分为辗钢轮和铸钢轮。带箍车轮又可分为铸钢辐板轮心、辗钢辐板轮心及铸钢辐条轮心的车轮。我国目前车辆上大部分采用整体辗钢车轮。整体辗钢车轮由踏面、轮缘、辐板和轮毂组成。

车轮与钢轨的接触面称为踏面。踏面一侧沿着圆周突起的圆弧部分称为轮缘，其作用是保持车辆沿轨道运行，防止脱轨。踏面沿径向的厚度部分称为轮辋。轮毂是轮与轴互相配合的部分。轮辋与轮毂连接的部分称辐板。

车轮踏面一般做成一定的斜度，称为锥形踏面。

锥形踏面的作用是：在直线上运行时使轮对能自动调中；在曲线上运行时，由于离心力，轮对偏向外轨，锥形踏面可使外轨上滚动的车轮以较大的滚动圆滚动，在内轨上以较小的滚动圆滚动，减少了车轮在钢轨上滑动，使轮对顺利通过曲线；车轮踏面有斜度，运行时车轮与钢轨接触的滚动直径在不断变化，使轮轨的接触点也在不停变换位置，踏面磨耗更为均匀。

城市轨道交通车辆上常采用弹性车轮。这种车轮在轮心轮毂与轮箍之间装有橡胶弹性元件，使车轮在空间三维方向上具有一定的弹性。弹性车轮减小了簧下质量，减小轮轨之间的作用力，缓和冲击，减小轮轨磨耗，降低噪声，改善了车轮与车轴的运用条件，提高了列车运行平稳性。

4. 轴箱装置

轴箱是轮对与一系悬挂的连接纽带。它的作用是支撑构架，将轮对和构架（或侧架）联系在一起，使轮对沿钢轨的滚动转化为车体沿线路的平动，并把车体的质量及牵引力、制动力传递给轮对，保证良好的润滑性能，减少磨耗，减低运行阻力，防止燃轴。

轴箱装置分为滚动轴承轴箱和滑动轴承轴箱装置。采用滚动轴承，可显著地降低车辆的起动阻力和运行阻力，改善车辆走行部分的工作条件，减少燃轴的惯性事故，减轻维护和检修工作，降低运用成本。我国轨道交通已实现滚动轴承化。

5. 弹簧减震装置

车辆在轨道上运行时，由于线路的不平顺、轨隙、道岔、轨面的缺陷和磨耗及车轮踏面的斜度、擦伤和轮轴的偏心等，必将产生复杂的震动和冲击。为了提高车辆运行的平稳性，保证乘客的舒适度，必须设有弹簧减震装置。弹簧与减振器一起构成弹簧减震装置。弹簧主要起缓冲作用，缓和来自轨道的冲击和震动，减振器的作用是减小振动。

弹簧减震装置按其作用的不同可分为三类：中央弹簧和轴箱弹簧，主要起缓和冲动的作用；垂向、横向减振器，主要起衰减振动作用；轴箱定位装置，摇枕与构架之间的纵、横向缓冲装置，主要起弹性约束作用。

6. 中央牵引装置

中央牵引装置由中心销、中心销座、复合弹簧、下心盘座、牵引拉杆、橡胶套、横向缓冲装置等组成。

中心销架支承车体，并传递各种载荷和作用力；同时完成车体与转向架之间绕旋转中心相对转动，以使车辆顺利通过曲线；架车时悬吊转向架。

牵引拉杆传递列车运行时的牵引力和制动力。

横向缓冲装置主要是指横向止挡和横向止挡座。

7. 驱动系统

驱动系统是动车转向架所特有的，主要由牵引电动机、联轴器、齿轮箱、齿轮箱悬挂装置及动力轮对等组成。

联轴器的作用是传递扭矩，产生牵引力和制动力，同时还具有调整电动机与齿轮轴的同轴度的作用。常用的联轴器是机械联轴器，但也有采用橡胶联轴器的。

齿轮箱是电动机与轮对间的减速装置，并传递牵引力和制动力。齿轮箱及悬挂包括齿轮箱体、大齿轮、小齿轮、轴承、密封件、紧固件等，有的还有中齿轮。

齿轮箱吊杆有多种类型如可调式吊杆、固定式吊杆、C 形支座等。虽然结构有多种，但基本上都是由橡胶件（橡胶结点或橡胶堆）和结构件（吊杆或支座）组成的。

四、车钩缓冲装置

车钩用来保证各车辆的连接，并且传递牵引力、制动力和其他纵向冲击力。缓冲装置缓解车辆之间的互相冲击，并且使车辆间保持一定的距离。还要连接车辆间的电路和气路。如果这些作用由同一装置来承担，则该装置称为车钩缓冲装置。因此，车钩缓冲装置包括车钩、缓冲器、电路连接器和气路连接器。车钩缓冲装置是车辆最重要的部件之一。

车钩缓冲装置固定在车体底架上，车辆运行牵引、制动时发生的纵向拉力、压缩力经车钩、缓冲器，最后传递给车体底架的牵引梁。

五、制动装置

制动装置是使车辆减速、停车，保证列车安全运行所必不可少的装置。在车辆上都设置有制动装置，使运行中的列车按需要减速或在规定的距离内停车。制动装置除机械制动装置外，还要求具有电制动功能，并且应充分发挥电制动能力。

由于城市轨道交通列车是电力牵引的，这就为采用电制动提供了基本条件。当列车速度降低到某一速度时，电制动力也随之降低，这时制动力已达不到要求值，必须及时补上机械制动继续制动以达到要求值。在整个速度范围内，要充分发挥各种制动方式的作用，适应城市轨道交通列车的自动控制，并且还需要协调配合以获得最佳的制动性能。

1. 制动

人为地使列车减速或阻止其加速称为制动。为使运行着的列车迅速地减速或停车，为防止电动车组列车在下坡道上运行时重力作用导致加速，为避免停放的车辆因重力作用或风力吹动而溜逸，都需要对它施行制动。忽视车辆必要的制动能力，将会发生危险，甚至造成乘客生命财产的损失。制动的实质就是将电动车组所具有的动能从它上面转移出去。制动系统转移动能的能力称为制动功率。此外，电动车组的最高运行速度不仅与其牵引功率有关，也受其制动能力的限制。

列车的制动能力是它的制动系统能使其在规定的制动距离内安全停车的能力。要求列车的紧急制动距离（在非常情况下的制动距离）不超过规定值，一般为 180 m。这个距离要比起动加速距离短得多，所以，列车的制动功率要比驱动功率大 5～10 倍。

2. 制动方式

制动方式按制动时列车动能转移方式、制动力获取方式或制动源动力的不同进行分类。

（1）机械制动和电制动

按列车动能转移方式可分成机械制动和电制动两类。

① 机械制动。

机械制动，又称为摩擦制动，即动能通过摩擦副的摩擦变为热能，然后消散于大气中。摩擦制动除了常见的闸瓦制动外，还有盘形制动、涨闸制动等。机械制动主要以压缩空气为动力，压缩空气由车辆的供气系统供给。供气系统由空气压缩机、干燥过滤器、压力控制装置和管路组成，还向空气弹簧等设施供气。机械制动的动力也有利用弹簧力的。

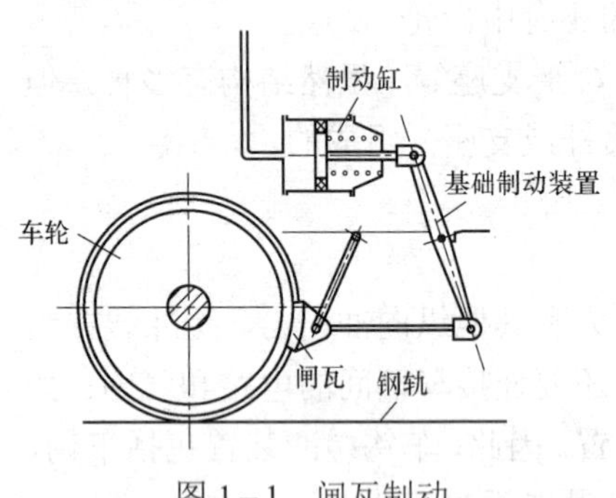

图 1－1　闸瓦制动

a. 闸瓦制动。

闸瓦制动又称为踏面制动，是最常用的一种制动方式。如图 1－1 所示。

制动时制动控制装置根据制动指令使制动缸内产生相应的制动缸压力，该压力通过制动缸使制动缸活塞杆产生推力，经一系列杆件的传递、分配，使每块闸瓦都贴靠车轮踏面，并产生闸瓦压力。车轮与闸瓦之间相对滑动，产生摩擦力，最后转化为轮轨之间的制动力。缓解时，制动控制装置将制动缸压力空气排出，制动缸活塞在制动缸缓解弹簧的作用下退回，通过各杆件带动闸瓦离开车轮踏面。

在动车底架下面须安装电力牵引等设备，因而安装上述基础制动装置有较大的困难，所以常常使用单元制动装置。它是由制动缸、闸瓦间隙调整器等组合成的一个紧凑部件。闸瓦间隙调整器简称闸调器，它可使缓解时闸瓦与车轮踏面之间的间隙不因二者制动时的磨耗而增加，自动调整在规定范围之内。制动时，向单元制动装置的制动缸内充入压缩空气，由活塞转变为活塞杆的推力。该力经止推片推动杠杆上的凸头。通过杠杆使力扩大数倍后传递给闸调器外壳，进一步通过离合器传至主轴，然后传给闸瓦。缓解时，制动缸内的压缩空气被排出，制动缸缓解弹簧和扭簧使单元制动装置恢复至缓解状态。单元制动装置结构紧凑，省却了传统基础制动装置中的一系列传动部件，制动效率高，作用灵敏，容易做到少维修或无维修。同时由于其带有闸调器，能使闸瓦间隙始终保持在规定范围内，不需要进行人工调整。

在闸瓦与车轮这一对摩擦副中，车轮的材料不能随意改变，要改善闸瓦制动的性能，只能改变闸瓦的材料。为了改善摩擦性能和增加耐磨性，目前大多采用合成闸瓦，但其导热性较差。因此也采用导热性能良好、且具有较好的摩擦性能和耐磨性的粉末冶金闸瓦。

闸瓦制动方式，动能转化为热能的能力大，但散热能力相对较小。当制动功率较大时，可能来不及散热，而在闸瓦与车轮踏面积聚，使它们的温度升高，严重时甚至会导致闸瓦熔化或使车轮踏面过热剥离或热裂等。因此，在采用闸瓦制动时，对制动功率要有限制。

b. 盘形制动。

盘形制动装置由单元制动缸、夹钳装置、闸片和制动盘组成。单元制动缸中包括闸调器。夹钳装置由吊杆、闸片托、杠杆和支点拉板组成。夹钳的悬挂方式为制动缸浮动三点悬挂，即两闸片托的吊杆为两悬挂点，另一悬挂点是支点拉板。

盘形制动装置按制动盘安装形式的不同，可分为轴盘式和轮盘式两大类，如图 1–2 所示。轴盘式是把制动盘安装在轮轴上，通过某种形式与轮轴固定，使制动盘与轮对同时转动。轮盘式的制动盘安装在车轮上。在空间位置允许的情况下，一般采用轴盘式，当轮对中间由于牵引电动机等设备使制动盘安装发生困难时，可采用轮盘式。盘形制动能双向选择摩擦副，可以得到比闸瓦制动大得多的制动功率。当需要较大的制动功率时，可采用盘形制动装置。

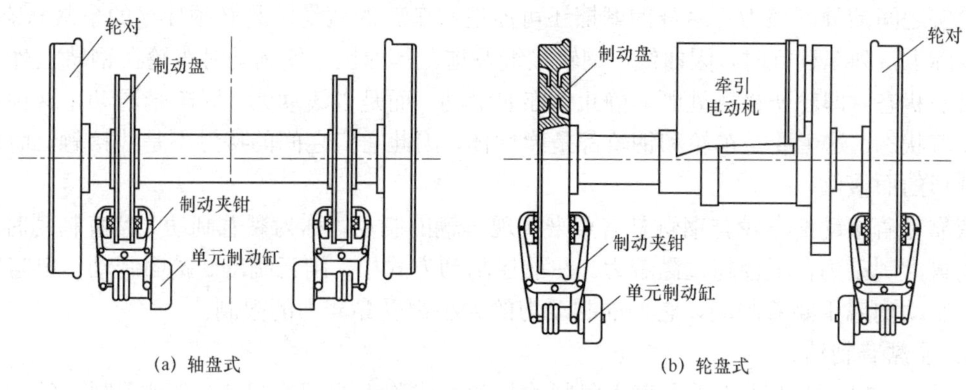

图 1–2　盘形制动

制动时，制动缸活塞杆推出，制动缸缸体和活塞杆带动两根杠杆，通过杠杆和支点拉板组成的夹钳，使装在闸片托上的闸片同时夹紧制动盘的两个摩擦面，使闸片与制动盘间产生摩擦，进而产生制动作用，把车组的动能转变为热能，热能散于大气之中。

制动盘的材料有铸铁、铸钢和锻钢等多种。闸片的材料也有合成材料、粉末冶金材料等多种，对合成闸片材料，除满足制动摩擦性能的要求外，必须考虑其对环境污染的影响，符合有关环保要求。城市轨道交通由于车速较低，一般采用铸铁盘和合成闸片。

盘形制动装置的特点：不存在对车轮的热影响，同时也减少了车轮的磨耗，延长了车轮的使用寿命和改善了运行性能；散热性能比较好，摩擦系数稳定，能得到较恒定的制动力，允许有较高的制动功率；可自由地选择制动盘和闸片的材料，获得较高的摩擦系数，可减小闸瓦压力，缩小制动缸及杠杆的尺寸，减小制动装置的质量；运用经济。

② 电制动。

电制动，又叫动力制动，是在车辆制动时将牵引电动机变成发电机将列车动能变为电能，然后将电能转移出去。电制动有电阻制动和再生制动两种。电制动有许多优点：能回收能源、无机械磨损、无空气污染等，这些对于空气制动是无法实现的。

电阻制动是将发电机发出的电能加于电阻器中，使电阻器发热，将电能转变为热能，再靠风扇强迫通风而散于大气中。电阻制动一般能提供较稳定的制动力，但车辆底架下需要安装体积较大的电阻箱。

再生制动是把发电机转化的电能反馈回电网提供给别的列车使用。这种方式既能节约能源，又减少制动时对环境的污染，并且基本上无磨耗，是一种较为理想的制动方式。

（2）黏着制动和非黏着制动

按制动力形成方式可分为黏着制动与非黏着制动两类。

① 黏着制动。

制动时，车轮与钢轨之间有三种可能的状态：纯滚动状态、滑行状态和黏着状态。

纯滚动状态，靠滚动着的车轮与钢轨接触点在接触瞬间的静摩擦（不发生相对滑动）阻力作为制动力，车轮沿钢轨边滚动边减速停止。在制动过程中，车轮与钢轨之间是静摩擦；车轮与闸瓦之间是动摩擦。纯滚动状态是一种难以实现的理想状态。

滑行状态，由车轮滑行（车轮在车辆未停止前即被闸瓦抱死，在钢轨上滑行）减速。此时在车轮与闸瓦之间为静摩擦，车轮与钢轨之间为动摩擦，该动摩擦力即为制动力，且远远小于轮轨之间的静摩擦力。这样的摩擦还可能造成车轮的擦伤，是必须杜绝的事故状态。

实际上，列车运行时，因曲线、钢轨接缝及道岔等原因，使制动时车轮在钢轨上处于连滚带滑的状态，即轮轨接触处既非静止，亦非滑动，而是以滚动为主，略带滑动，这种状态称为黏着状态。这主要是车轮和钢轨都是弹性体，因此它们之间的接触不是线接触，而是一个椭圆形的面接触。

依靠黏着滚动的车轮与钢轨黏着点来实现车辆的制动，称为黏着制动。黏着制动时，可实现的最大制动力，不会超过黏着力。在前述制动方式中，闸瓦制动、踏面制动、电阻制动和再生制动均属于黏着制动，它们的制动力的大小都受黏着力的限制。

② 非黏着制动。

制动时，制动力大小不受黏着力限制的制动方式称为非黏着制动。非黏着制动的制动力不从轮轨之间获取，可以得到较大的制动力。轨道电磁制动就属于非黏着制动。

（3）空气制动和电气制动

按制动源动力可分为空气制动和电气制动两类。

在各种制动方式中，制动的源动力主要有压缩空气和电。以压缩空气为原动力的制动方式称为空气制动方式，如闸瓦制动、盘形制动。以电为原动力的制动方式称为电气制动方式，如电制动、轨道电磁制动。

（4）程序制动

城市轨道交通车辆制动方式一般有再生制动、电阻制动和空气制动三种，它们分别为第一、第二和第三优先级制动，并且还采取了程序制动措施。

程序制动的含义是：充分利用电制动，尽量减少空气制动，即在制动力未达到其指令的75%（交流传动车为78%）时，同时在黏着力允许的条件下用足电制动，也就是说电制动不仅供动车制动使用而且还要承担拖住拖车的任务，当两节动车的电制动力能满足一组车（二动一拖三辆车）的制动要求时，则这一组车就不再使用空气制动，反之，则要使用空气制动以补足电制动的不足。随着列车的速度下降其电制动力也将不断地减弱，当列车速度降低至一定的速度时，电制动力已不能再满足制动所需的要求，这时电制动力将逐渐被切除，所有的制动力则由空气制动来承担。同时列车还进入了一个停站制动的程序。所谓停站制动程序是，当列车减速进入车站时，在接近停止前略将闸缸内的压力空气放去一些，然后再充气将列车刹停。这样可减小列车的冲动，提高列车停站过程的舒适性。

3. 制动控制方式

制动系统在司机或其他控制装置（如 ATP/ATO 系统等）的控制下，产生、传递制动信

号，并进行制动力分配、协调。

制动控制系统主要有空气制动系统和电控制动系统两大类。以压缩空气作为制动信号传递和制动力控制的介质的制动系统称为空气制动控制系统，又称为空气制动机。以电气信号来传递制动信号的制动控制系统称为电气指令式制动系统。

制动控制方式有：气控制气、电控制气、电—空控制等多种控制方式。目前城市轨道交通车辆绝大部分采用电—空控制。

气控制气利用一根贯通全列车的管道（称为列车管）内压缩空气的变化通过一些阀的动作来控制执行元件的动作。

电控制气利用列车线来控制操纵执行元件的电磁阀，从而达到控制执行元件的动作。

电—空控制用一条列车控制线贯通整列车，形成连续回路，利用电信号来控制气信号，再用气信号控制执行元件的动作。制动的电指令利用脉冲宽度调制，能进行无级控制制动。先进的电—空控制则是应用计算机对各种数据进行处理后发出电信号，进行控制。

4. 制动系统

为了能施行制动，要在车辆上设计一套完整的制动系统。它包括制动控制系统和制动执行系统两部分。制动控制系统由制动信号发生与传输装置和制动控制装置组成。制动执行系统通常称为基础制动装置。

（1）对制动系统的要求

城市轨道交通的站距短，列车的调速及停车非常频繁，乘客量波动较大，要求其起动快，制动距离短。为此，城市轨道交通车辆的制动系统应具备以下性能：

① 具有足够的制动能力，保证列车在规定的制动距离内停车。

② 操作灵活，制动可靠，减速快，停车平稳、准确。

③ 列车各车辆的制动能力应尽可能一致，使它们的制动、缓解作用一致。

④ 在制动过程中，应尽量发挥动力制动能力，以减少对城市环境的污染和降低运行成本，同时应具有动力制动与摩擦制动的联合制动能力。

⑤ 应保证列车在长大下坡道上运行时，制动力不衰减。

⑥ 应根据乘客量的变化，具有空重车调整能力，以减少制动时的纵向冲击。

⑦ 具有紧急制动性能，遇有紧急情况时，能使列车在规定距离内安全停车。

⑧ 列车在运行中发生诸如车辆分离、制动系统故障等危急情况时，应能自动起紧急制动作用。

（2）制动系统的组成

列车制动系统由供气设备、制动控制单元、基础制动装置、微机控制单元和防滑装置组成。供气设备还向车辆的空气悬挂设备、车门控制装置及气动喇叭、刮雨器、受电弓气动控制设备、车钩操作气动控制设备等进行供气。

① 供气设备。

列车大多以三辆车为一个单元，所以其供气也是以单元来设计的，每一单元设置一套空气压缩机组，其中包括空气压缩机、空气干燥器、驱动电动机、压力控制开关等。

车辆的制动系统及其他一些子系统所使用的压缩空气都是由压缩机组生产的。电动机通过联轴器直接驱动空气压缩机。空气压缩机是以恒定转速运转的，所以空气压缩机电动机是较特殊的电动机。

空气压缩机输出的压缩空气中含有较高的水分和油分，必须经过空气干燥器排去水分和油分后，才能使其成为洁净干燥的压缩空气，以供各用气系统使用。空气干燥器一般都是塔式的，有单塔式和双塔式两种。目前多使用双塔式空气干燥器。

② 制动控制单元。

制动控制单元（BCU）是气制动的核心，它接受制动微机控制单元（EBCU）的指令，然后再指示制动执行部件动作。其组成部分主要有：模拟转换阀、紧急阀、称重阀、均衡阀等。这些部件都安装在一块铝合金的气路板上，实现了集成化。这样可避免用管道连接而造成容易泄漏和所占空间大等问题。而且在气路板上还装置了一些测试接口，可测得各个控制压力和闸缸压力，方便检修保养。同样，整个气路板的安装、调试和检修都很方便。

模拟转换阀由三部分组成：比例阀将电信号转换成气压信号，排气电磁阀和气电转换器将气压信号转换成电信号。

在施行常用制动时，紧急阀得电励磁，使模拟阀与称重限制阀相通，切断与制动风缸的通路。在紧急制动时，紧急阀失电，使制动储风缸与称重限制阀直接相通，这时预控制压力越过模拟阀而直接进入称重限制阀。当预控制压力经过紧急阀时，由于阀孔的阻力使预控制力略有下降，这个从紧急阀输出的预控制力将通过管路板进入称重限制阀。

称重限制阀是利用空气簧的压力（车辆负载压力）来限制预控制压力的，也就是根据车辆的载荷来限制最大的预控制压力。

预控制压力流经称重限制阀时也受到阀的通道阻力，压力有所下降，并通过管路板进入均衡阀。

均衡阀能迅速将大流量的压力空气对闸缸充、排气，且大流量的压力空气的压力变化是随预控制压力的变化而变化的。

制动缓解指令也是由 BECU 发出的。模拟转换阀接到缓解指令后，将其排气阀打开，使 BCU 中各阀中的预控制压力的压力空气都通过模拟阀中的排气阀排出。于是预控制压力为零，从而致使均衡阀膜板上方受制动缸压力空气作用的膜板下沉，使均衡阀的进气阀关闭，排气阀开启，各闸缸中的压力空气则从开启的排气阀排入大气，从而列车得到缓解。

③ 基础制动装置。

空气制动系统中的制动执行装置，称为基础制动装置。在列车上常用的基础制动装置有闸瓦制动与盘形制动两种形式。

④ 制动微机控制单元。

电控制气，气再控制气的二级控制方式，即为 EBCU 控制 BCU，BCU 再控制制动执行装置的方式。

EBCU 的主要指令有：制动指令、电制动关闭指令、紧急制动指令、停站制动指令。

⑤ 防滑系统。

防滑系统用于车轮与钢轨黏着不良时，对制动力进行控制。它的作用是：防止车轮抱死；避免滑动；最佳地利用黏着，以获得最短的制动距离。

5. 单元制动机

由于城市轨道交通车辆的车体底架下方与转向架之间没有很大的空间来安装基础制动装置，因此采用单元制动机。单元制动机和基础制动装置各有其特点，基础制动装置由于采

用杠杆联运机械，所以其同步性良好，制动力均匀。而单元制动机是单个供气动作，轻便灵活，占空间体积小，灵敏度高，使用了电气控制后，也可具有良好的同步性。PC7Y 单元制动机如图 1－3 所示，PC7YF 单元制动机如图 1－4 所示。

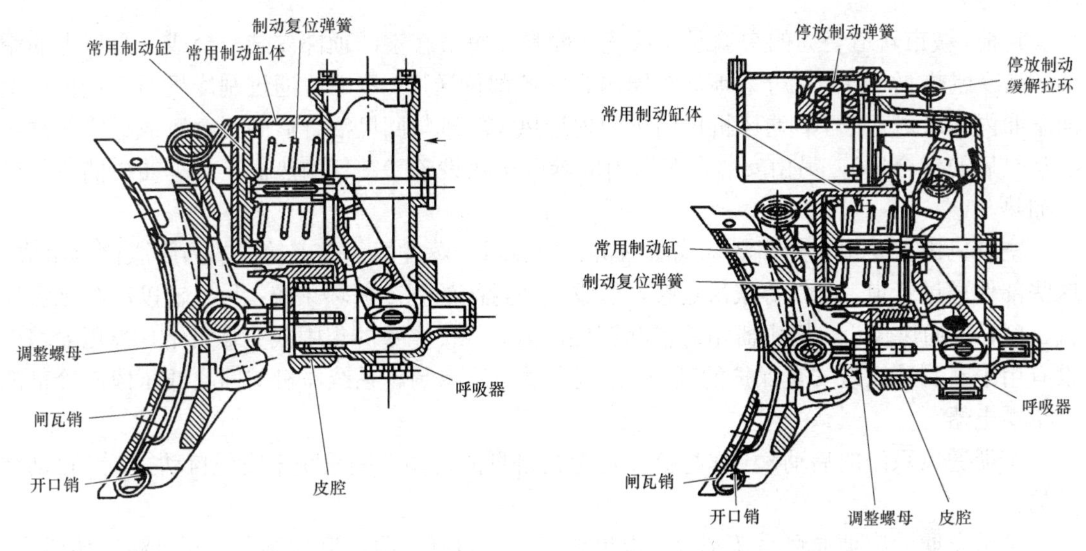

图 1－3　PC7Y 单元制动机　　　　图 1－4　PC7YF 单元制动机

单元制动机是制动系统的执行部件，它由闸缸、活塞、杠杆、活塞弹簧、间隙调整器、吊杆、扭簧、闸瓦托、闸瓦、壳体等组成。其中间隙自动调整器用于当闸瓦与车轮在制动过程中磨损后间隙增大时，自动调整这个间隙使闸瓦与车轮踏面始终保持规定的距离，从而使制动机保持良好的制动性能。

当压缩空气从气管进入闸缸推动活塞向缸底行进，同时活塞弹簧也受到压缩，活塞的导向管带动杠杆围绕安装在壳体上的销轴转动，而杠杆的另一端则带动间隙调整器向车轮方向推动闸瓦托及闸瓦行进，最终使闸瓦紧贴在车轮踏面上。缓解时，通过 BCU 中的均衡阀将闸缸中的压力空气排到大气中，这时闸瓦及闸瓦托上所受到的推力被解除，由于活塞弹簧及闸瓦托吊杆上端头的扭簧的反弹作用使闸瓦与活塞复位。

一般来说，每个转向架上装有两种型号的单元制动机，两者的区别在于是否带停车制动器。弹簧制动器利用释放弹簧储存的弹力来推动活塞，从而带动二级杠杆使闸瓦紧贴车轮踏面达到制动的目的。它用于车辆停放时，进行停放制动，特别是当车辆停放在坡道上，可防止车辆溜动，而它的缓解则需要向弹簧制动缸充气，使活塞压缩弹簧，制动缓解，也可用人工拔出其顶部的缓解销来实施机械缓解。弹簧制动器也用电磁阀来控制其气缸充、排气，并且在司机室内控制。弹簧制动器在转向架上是对角布置的，另两对角侧为普通单元制动机。

六、空调通风系统

城市轨道交通车辆由于客流密度大，为改善客室的空气质量必须有通风装置。车辆的通风方式有自然通风、强迫通风、空气调节。随着空气调节技术的普遍应用和乘客对乘车环境舒适性要求的不断提高，自然通风已不被采用，单一的机械式强迫通风系统也逐渐被空调通风系统所代替。空调通风系统主要由压缩机、蒸发器、冷凝器、冷凝风机等组成。客室内部分空气和客室外新风混合，经空调机组处理后送入客室。根据城市的自然条件和列车的运行环境，一些车辆还设置采暖装置，一般采用电热器采暖，安装在客室的座椅或侧墙下方。

目前，城市轨道交通的空调通风系统一般是在每节客室的顶部安装一台或一台以上的空调（制冷或热泵）机组，分散地向车厢内客室各部位送风。夏季，通过制冷机组和送风风道向车厢内送冷风；冬季，通风机仅向车厢内送风（新风与回风混合后的混合风或经空气预热器预热后的混合风），另由安装在车厢内的辅助电热设备（空气加热器）对车厢内的空气进行加热。

空调机组主要由全封闭活塞式压缩机、冷凝器、蒸发器、储液筒、热力膨胀阀等组成。这些部件通过管道、阀门等依次连接，形成一个封闭的制冷循环系统；另外辅以冷凝轴流风机、离心式通风风机、恒压器箱等辅助部件，构成一个完整的集中式空调机组。恒压器箱内设有用于对制冷系统安全保护的高、低压压力继电器及制冷系统停机前回收低压段制冷剂的抽空继电器。

空调通风系统的启动、工作与监控是由其自身的自动控制系统来实现自动控制、自动调节的。

每节车厢的空调通风系统都设有温度传感器（包括冷凝温度传感器、新风温度传感器、回风温度传感器、送风温度传感器），它是空调通风系统能够实现自动控制的基础。控制单元通过采集温度传感器的数值来确定空调机组的启动或关闭，以及空调机组的工作状态；另外控制系统还可根据温度传感器的当前值与机组的当前工作状态来判断空调系统的工作是否正常。

控制单元是一个微型计算机处理系统，它是将各种功能模块板组合在机箱中，通过专门设计的软件形成一个集控制、监控、诊断、故障存储与显示为一体的空调控制单元，并能通过标准的RS-232C的串行接口与计算机连接，实现人机对话、人工调试和控制空调机组的运行。

第三节　车 辆 电 气

车辆电气牵引传动系统包括受流设备和各种电气牵引设备及其控制电路。车辆电气牵引系统有直流电气牵引系统和交流电气牵引系统两种。车辆电气牵引系统早期采用直流牵引电动机，虽然它有质量大、体积大、维修量大的缺点，但由于具有调速容易的优点，曾得到广泛的应用。随着电力电子技术和微电子技术的高速发展，采用 VVVF 技术，效率高、性能好，目前几乎所有车辆都采用交流牵引电动机和 VVVF 控制的交流电气牵引系统。

一、城市轨道交通车辆电气牵引传动系统的特点

城市轨道交通车辆电气牵引传动系统具有以下特点：

① 在调控系统的变流器及逆变器中，广泛采用可关断晶闸管及绝缘栅双极晶体管。

② 新型城市轨道交通车辆均采用静止逆变器辅助单元，因牵引电动机及通风机电动机、

空气压缩机电动机、制动电阻通风机电动机、油冷却器电动机等都采用三相异步电动机驱动，故需要交流电，因此逆变器的容量需要增大。

③ 微电子技术在城市轨道交通车辆的牵引、制动、辅助控制，信息显示和储存，防滑与防空转控制及行车安全等方面得到了广泛的应用。

二、传动控制技术

目前的传动控制方式有变阻控制、斩波调压控制和变压变频控制。

1. 变阻控制

变阻控制是一种应用广泛的直流电动机传动控制方式，控制简单方便。但由于列车频繁起动和制动，采用这种控制方式使 20%的电能消耗在电阻上，变为热散逸，很不经济，特别是在隧道中将会导致升温，而产生不良后果。这种传动方式已趋于淘汰。

2. 斩波调压控制

直流电动机的斩波调压控制使用先进的大功率门极可关断晶闸管，利用晶闸管的通、断把直流电压转换成方波，用以调整直流电动机的端电压。取消了换流装置，体积和质量均有减小，并可实现无级调整，可使车辆平稳起动和制动，实现再生制动，达到节电的效果。直流电动机车辆普遍采用这种传动控制方式。

3. 变压变频控制

变压变频控制最先进的交流电动机传动控制方式。它使用逆变器将直流变为交流，以电压和频率的变化控制交流电动机，在调速性能和节能上均优于上述的两种传动控制方式。它与交流电动机配合，无换向部分，运行可靠，过载能力强，结构简单，几乎无须保养和维修。

三、受流设备

受流设备是列车将外部电源引入车辆电源系统的重要设备。根据线路供电方式的不同，列车受流设备分为集电靴及受电弓两种形式。集电靴装置（简称受流器）应用于第三轨方式供电的线路，而受电弓装置主要应用于以接触网方式供电的线路。

1. 受电弓

受电弓从结构上可分为单臂型和双臂型两种形式，在驱动上可分为气动型和电动型。

如图 1–5 所示，受电弓由底部框架、绝缘子、下部框架、上部框架、集电头、主张力弹簧和驱动气缸等部分组成。

底部框架由方形管或型钢焊接而成，用于支撑整个框架，并通过轴承与下部撑杆相连。底部框架上还安装有铜接线排与连接列车的主电源电缆。

绝缘子安装在底部框架上，用于支撑底部框架，并将车体与受电弓隔离。绝缘子要求具有良好的电气绝缘性和机械性能，一般常采用瓷或玻璃纤维聚酯压制而成。

下部框架由下部撑杆和下部导向杆组成。下部撑杆由无缝冷拉钢管焊接成。在下部撑杆上安装有接线板、主张力弹簧连杆、缓冲器冲击块、上部导向杆的轴承支座及驱动气缸的安装支座。下部导向杆由钢管制成，其长度可改变。通过改变下部导向杆的长度来调节受电弓最低位置。下部导向杆上还安装有受电弓高度止挡，止挡决定了受电弓最大升起高度。

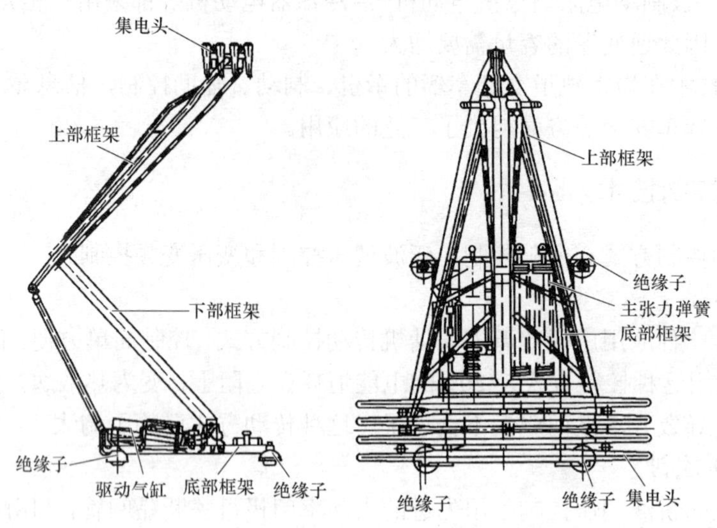

图 1－5　受电弓

上部框架由上部撑杆和上部导向杆组成。上部撑杆由锥形角钢管焊接而成，包括铰链及斜支撑杆。斜支撑杆使上部撑杆具有侧向稳定性。上部导向杆上安装了集电头，上部导向杆的长度可改变。

集电头是受电弓与接触网接触部分，主要由滑板、转轴、弓角、弹簧盒组成。由轻金属制成的弓角可以防止在接触网分叉处接触导线进入滑板底下，避免刮弓事故的发生。滑板由电石磨碳制成的接触部件及由轻金属制成的支撑物组成。弹簧盒中装有螺旋压缩弹簧，可为集电头在垂直方向提供一定的自由度。

主张力弹簧安装在下部撑杆上，按轴向布置。通过调节螺栓可改变弹簧连杆的有效长度，使受电弓在整个工作范围内有一个恒定的接触力。

驱动气缸安装在受电弓底部框架上，通过活塞杆和在下部撑轴上的杆来使受电弓动作。升弓和落弓速度可通过节流阀采调节。

2. 受流器

受流器有一套由两个弹簧和两个弹性铰键轴承组成的机构，用于保证滑块磨损后，其与第三轨的压力不受影响，仍然保持恒定压力。一般每列车有 8 个动车受流器和 4 个拖车受流器。受流器可以回位和锁定，每个受流器安装有两个 600 A 的熔断器。

正常工作时，12 个受流器供电。受流器由一个主体和一个机构组成，使滑块与第三轨相接触。受流器由两个弹簧和两个弹性轴承控制，使得正常的工作位置接触压力为 120 N。两条 95 mm^2 的电缆连接在滑块和熔断器上用于供电。

一套锁定和解除锁定的机构用于保护有缺陷的受流器。

四、牵引电动机

目前城市轨道交通车辆采用的牵引电动机有两大类，即旋转电动机和直线电动机。旋转电动机又可分为直流电动机和交流电动机。

1. 牵引电动机的特点

电动车组的动力来自牵引电动机。牵引电动机的基本结构和普通电动机相似，但由于其工作条件特殊，因此它具有以下一些特点：

① 牵引电动机悬挂在车辆转向架构架上或车轴上，并借传动装置驱动车辆前进，牵引电动机在结构上必须考虑传动和悬挂两方面的问题。

② 牵引电动机的安装尺寸受到很大的限制，径向尺寸受到轮径直径限制，轴向尺寸受到轨距限制，故其结构必须紧凑。为此，牵引电动机都采用较高等级的绝缘材料和性能较好的导磁材料。

③ 车辆运行时，钢轨对车辆的一切动力影响都会传给牵引电动机，使牵引电动机承受很大的冲击和震动。因此，要求牵引电动机的零部件必须具备较高的机械强度。

④ 牵引电动机的使用环境恶劣，它挂在车体下面，很容易受潮、受污，还经常受到温度、湿度的影响。因此牵引电动机的绝缘材料和绝缘结构应具有较好的防尘、防潮能力，并要求有良好的通风条件。

2. 直流电动机

直流电动机主要由静止的定子和旋转的电枢（转子）两大部分组成。定子由主磁极、换向极、电刷装置、机座、端盖和轴承等部件组成。定子产生磁场，提供磁路和作为电动机的机械支撑。电枢由电枢铁心、电枢绕组、换向器和转轴等部件组成，用来产生感应电势和电磁转矩。直流电动机有一套电刷装置，电刷和换向器接触，使电枢电路和外电路相连。

直流电动机励磁方式是指对主磁极励磁绕组的供电方式。按励磁绕组与电枢绕组连接方式的不同，可分为他励、串励、并励和复励等。一般采用串励电动机，它的励磁绕组与电枢绕组串联。

长期以来直流串励电动机一直作为城市轨道交通车辆的主要牵引动力。因为它具有起动性能好、调速范围大、过载能力强、功率利用充分、运行较可靠且控制简单等优点。但由于直流电动机必须通过换向器才能工作，这就造成了直流电动机在高压大功率时换向困难，工作可靠性差，结构复杂，制造成本高和维修量大的弊病。因此它的发展受到了很大限制。

3. 交流电动机

20 世纪 80 年代以来，电力电子技术和计算机技术迅猛发展，特别是采用了大功率自关断电力电子器件和微机模块化控制后，使交流电动机变频变压控制得以实现，这就为三相异步电动机在轨道交通车辆上的发展拓展了广阔的运用前景。三相异步牵引电动机的优点为：构造简单，运行可靠，效率较高，价格低廉；机械特性较硬，具有较好的防空转性能，使得黏着利用率提高。随着微电子技术的发展，异步电动机的变压变频调速得以顺利实现，有逐渐替代直流牵引电动机的趋势。

三相笼式异步电动机的结构主要由定子和转子两大部分组成。定、转子间是气隙。用于电力传动系统中的异步电动机，其机座结构有较大的改变，例如，机座上开有通风口，并有适用悬挂的吊耳等。

4. 直线电动机

直线电动机，突破了轨道车辆长期以来依靠轮轨黏着作用传递牵引力的传统。目前直线电动机车辆已在我国广州地铁 4、5 号线、北京地铁机场线运用。

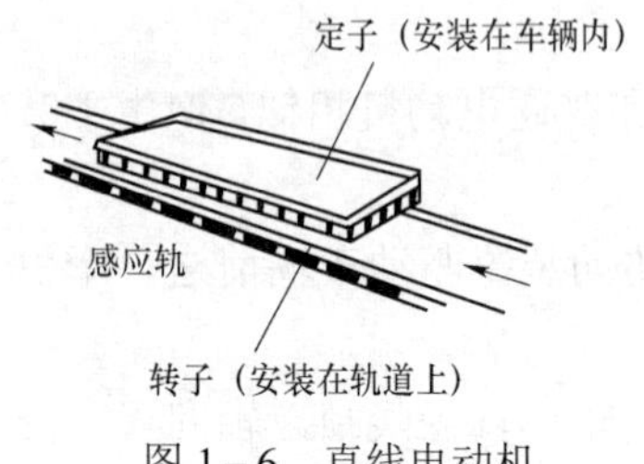

图 1-6　直线电动机

（1）直线电动机工作原理

直线电动机是线性异步感应电动机的简称，它将电动机的旋转运动方式由传统的电旋转改为直线运动方式。其工作原理与一般的旋转式感应电动机相类似。可看成是将旋转电动机沿半径方向转子（安装在轨道上）剖开展平，如图 1-6 所示，定子部分在用硅钢片叠压成扁平形状的铁心上，放入两层叠绕的三相线圈构成，沿纵向固定安装于车辆底架下部或转向架构架下部。而转子部分亦展平变为一条感应轨，铺设在两走行轨之间，一般由铝板或铝合金制成的外壳和铁心组成。定子与转子感应轨之间应保持 8～10 mm 的间隙。当通过交流电时，由于磁场的相互作用产生推力，驱动车辆运行或制动车辆。

直线电动机车辆利用直线电动机和轨道中间安装的感应板之间的电磁效应产生的推力作为列车的牵引力或电制动力，采用交流变频变压控制，取消了传统的旋转电动机从旋转运动转换成直线运动所必不可少的一系列机械减速传动机构，既减小了质量，又使结构十分简单，特别是转向架变得很简单，可以采用小轮径的径向转向架。

（2）直线电动机车辆的结构

直线电动机是在导轨上安装反应板（以铝板当转子），而在列车上装设靠三相交流电励磁的移动用电磁石（作为定子），分左右两排夹装在铝板两旁（但不接触）。磁力线与铝板垂直相交，铝板即感应而生电流，因而产生驱动力。由于直线电动机的定子装在列车上，较导轨短，因此直线电动机又称为“短定子线性马达”。

直线电动机车辆，其电动机实际上已经仅仅是“初级绕组”，它通过特殊的悬挂装置吊装于转向架上，在日常运用过程中，可以很容易地通过调整悬吊装置中的螺栓达到调整电动机和感应板之间的气隙，以满足技术要求中规定的气隙值。由于车辆轮对只起支撑和导向作用，因此方便采用径向自导向转向架，更有利于通过曲线，同时也使得转向架的设计自由度增大，结构上相对简单。

车辆的支撑和导向与传统的轨道交通车辆一样有赖于轮对和轨道。

系统供电制式为 DC 1 500 V，正线采用三轨受电的方式；为了车辆段内作业和管理的安全，车辆段内采用受电弓受电的方式。

（3）直线电动机车辆的优点

直线电动机车辆具有：运营不受天气条件影响；土建工程投资降低；电动机基本免维护，运用维护成本降低；高架与地下线路间容易过渡，尤其对车辆段出入段线跨越正线等复杂情况更容易处理等优点。

（4）直线电动机车辆的缺点

直线电动机的效率约为旋转电动机的 70%，这是由于线圈与感应轨间的工作气隙较大，导致磁损耗大，直线电动机比同样功率电动机的耗电量大；需要铺设一条与线路等长的感应轨，工艺要求高，工程投资大，控制技术也复杂，车辆的制造成本高。

五、牵引控制系统

牵引控制系统用于控制列车电动机工作，为列车提供所需动力及制动力。牵引控制系统由高速开关、变流设备、主接触器、牵引控制单元、制动电阻、主电路等部件组成。

1. 高速开关

高速开关用来接通和分断电动列车的高压电路，是电动车辆的主要保护装置。当主电路发生短路、过载等故障时高速开关快速切断主电源。为了防止事故的扩大，要求高速开关动作迅速、可靠，并具有足够的断流容量。由于电动车辆车下安装空间有限，要求高速开关必须结构紧凑。高速开关装置由基架、短路快速跳闸装置、过载跳闸装置、合闸装置、灭弧栅、辅助触点等组成。

2. 变流设备

按牵引电动机种类的不同，变流设备可分为直流—直流变流设备和直流—交流变流设备两种。直流—直流变流设备是最早应用于列车电传动的一种传动装置，具有调速方便、结构简单等特点。但由于直流—直流变流技术中存在电源电压与牵引电动机电压间相互制约的问题，所以在提升机车功率方面受到了限制。由于交流牵引电动机具有结构简单、运行可靠、体积小、质量小等优点，通过晶闸管变流技术及电子技术，能较易地将直流电源变为三相交流电，并能较精确地控制交流电的频率及幅值，为交流电动机驱动提供了良好的条件。

3. 主接触器

直流电磁接触器是一种用来频繁地接通和切断主电路的自动切换电器，它能进行远距离自动控制，操作频率较高，通断电流较大。接触器按通、断电路电流种类可分为直流接触器和交流接触器两种；按主触点数目可分为单级接触器（只有一对主触点）和多级接触器（有两对以上主触点）；按传动方式可分为电空接触器、电磁接触器等。

电磁接触器由电磁机构、传动装置、主触点、灭弧装置、辅助开关及支架和固定装置等组成。

4. 牵引控制单元

牵引控制单元处理由司机发出的指令，通过参考值设置、牵引（制动）控制电路的数据和应答信号，并根据相应程序对牵引电路进行控制。同时控制单元还具有故障检测及故障存储功能。牵引控制单元是一个微型计算机实时测控系统，实时采集现场设备的运行工况和过程参数的大小变化，对采集数据进行实时处理，以保证被控对象能安全、可靠、合理地运行。牵引控制单元采用模块化设计，可分为电源模块、输入/输出转换模块、中央处理器模块。电源模块为自身部件提供工作电源，也为一些控制系统内的传感器提供低压电源。输入/输出转换模块是微机系统与外界信号之间的重要接口。外界信号可能是模拟信号也可能是数字信号，只有通过输入模块转换后才能供系统使用，而系统输入的指令只有通过输出模块才能驱动继电器、接触器或模拟控制电路使用。

5. 制动电阻

制动电阻，用于车辆的电阻制动，以发热的方式将电动机中的能量传递出去。

制动电阻采用模块化设计，通常由框架、带状电阻、绝缘子等部件组成。带状电阻通过绝缘子安装在框架内。一个制动电阻单元可能由几个制动电阻模块组成。

制动电阻要求有良好的热容量，耐震动，防腐蚀，在高温下不生成氧化层。

六、辅助供电系统

车辆上的辅助设施如车厢通风、空调及牵引等系统的电动机、照明，以及乘客向导系统、列车控制系统、车辆及其子系统控制系统、电动车门驱动装置、蓄电池充电器，都是由辅助供电系统供给电源。即辅助供电系统为除牵引系统以外的所有用电系统供电。辅助供电系统由辅助逆变器、充电器、蓄电池及相应的部件组成，它的工作状态正常与否直接影响整列车的功能。特别是当数辆车发生辅助供电系统故障时将导致整个运行线路的中断。

1. 辅助逆变器

辅助逆变器将 DC 1 500 V（DC 750 V）输入逆变成 AC 380 V 供给车辆辅助交流负载，一路交流输出再转换成 DC 110 V 输出，供给车辆辅助直流负载。还有一类 DC 110 V 输出与辅助逆变器分开设置，单独直接将 DC 1 500 V（DC 750 V）输入转换成 DC 110 V 输出供给车辆辅助直流负载。列车主要通过辅助逆变器来输出三相交流电供辅助电动机工作，同时再经过整流输出直流电供蓄电池及应急电池充电使用。对于采用交流供电的照明系统，逆变器还负责向照明系统供电。辅助逆变器的供电的频率及幅值是固定的，其控制较主逆变器简单。辅助逆变器的控制单元采用模块化设计，分电源、输入/输出模块及中央处理器模块等部分。

2. 蓄电池

蓄电池主要供列车起动使用，也是辅助供电系统的低压直流备用电源。蓄电池在辅助逆变器正常工作时处于浮充电状态；在网压供电或辅助逆变器发生故障不能正常工作时，作为紧急电源向车辆部分辅助直流紧急负载（如车厢紧急通风、紧急照明、各控制系统、通信）进行供电，所以蓄电池是列车上的重要电气部件。

七、主控制器

司机通过操纵主控制器手柄，使列车按司机意图控制运行。司机控制器控制主电路，它实际上是一组转换开关，通过扳动两根不同的轴，控制凸轮及与之组合开关相应的触点分合，然后通过控制电路控制列车的运行方向，实现列车牵引、制动和惰行工况的转换。

主控制器主要由主控制手柄、方式/方向手柄、组合开关、凸轮、转动轴、电位器电阻等部件组成，图 1－7 是列车用主控制器主视图。为了保证列车的安全，在主控制手柄上安装有警惕按钮，司机按下该按钮后方能向列车发出牵引指令；在列车运行过程中，如果司机

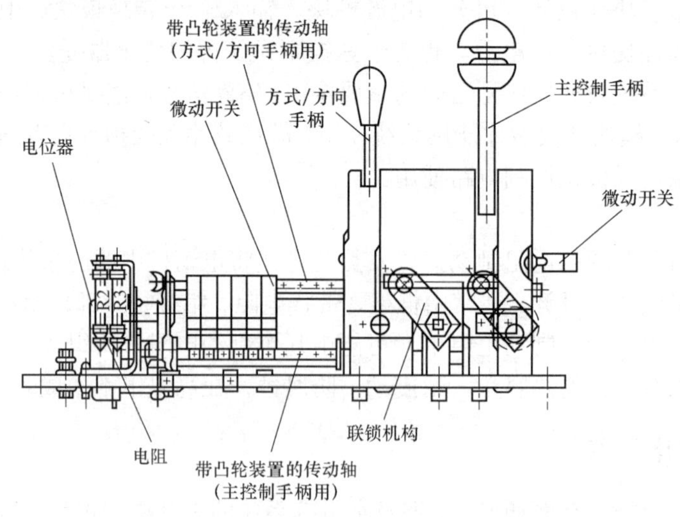

图 1－7　列车用主控制器主视图

放开警惕按钮后不能及时再次按下，列车将实施紧急制动。主控制器还与司机钥匙开关相互联锁，保证在钥匙未打开前，主控制器处于锁定状态；而主控制器处于工作状态时，钥匙不能被拔出。主控制手柄与方式/方向手柄之间也相互联锁，在主控制手柄处于牵引或制动位置时，方式/方向手柄无法改变状态；方式/方向手柄不工作时，主控制手柄被锁定，无法放在牵引或制动位上。

八、其他部件

1. 熔断器

熔断器串联在电路中，当该电路产生过载或短路故障时，熔断器先熔断，切断故障电路，保护电路和电气设备。熔断器按结构分为：开启式熔断器、半封闭式熔断器、封闭式熔断器。

车辆上多采用的封闭式熔断器。封闭式熔断器完全封闭在壳内，不会造成电弧火焰喷出而危及人身安全及损坏电气设备，且可提高分断能力。

熔断器主要由熔体、熔管和插刀等组成。熔体是熔断器的主要部分，它受过载或短路电流的热作用而熔化，达到断开故障电路的目的。熔管用以控制电弧火焰和熔化金属粒子向两端喷出。插刀用以和外电路接通。

熔体材料要具有熔点低，易于熔断，导电性能好，不易氧化，容易加工和价格低廉的特点。

2. 继电器

继电器是一种自动控制电器，一般不直接控制主电路，负载较小。继电器结构简单，接触容量小，动作的准确性要求高。继电器由测量机构和执行机构两部分组成。测量机构接收输入量，并将其转变为继电器工作所必需的物理量，如电压、电流、压力等。执行机构用以改变原来所处状况，给被其控制的电器一定的输入量。

3. 各类传感器

在列车各控制系统中，使用了大量的传感器为系统控制单元提供反馈信号。例如：牵引控制系统使用非接触式传感器测轴速，用于电子防滑和轮子自转控制；用电流传感器、电压传感器检测主电路电流、电压情况；制动电阻箱内使用温度传感器监控制动电阻温度；空调系统在客室中安装有温度传感器用于控制空调工作。

九、监控和诊断系统

城市轨道交通车辆及其主要系统都采用微机进行自动控制。制动微机控制系统还有自我监控和诊断功能，能对列车主要设备的运行状态和故障自动进行信息采集、记录和显示。

微机控制设备的监控和诊断系统，还能用手提数据收集器通过列车上的维修接口来收集所有的各种有关数据，同时也能在各系统微处理器的本地维修接口收集到相关数据。所收集的数据的种类和精确度能满足维修和分析故障的需要。

十、乘客向导系统

城市轨道交通车辆乘客向导系统向乘客提供列车运行信息、安全信息和其他公共信息，如列车的终点站、停车车站、换乘信息等；在列车发生故障或事故时，向乘客提供回避危险的指挥、指导信息等。乘客向导系统包括广播、列车运行线路电子显示图、LED 显示器、LCD 显示器，以及各种文字、图示固定信息。向乘客播报和显示的各种形式的信息应简洁、明了，还要正确并同步，避免对乘客产生误导。

复习思考题

1. 城市轨道交通对车辆有哪些要求？
2. 城市轨道交通车辆如何分类？
3. 简述城市轨道交通车辆的组成及各部分的作用。
4. 城市轨道交通车辆有哪些特点？
5. 简述车体的结构。车体采用哪些材料？各有哪些优缺点？
6. 车门有哪些类型？车门有哪几种驱动方式？车门有哪几种开启方式？
7. 气动门和电动门的机械结构、监控有何异同？
8. 简述转向架的作用、组成。
9. 轮对轴箱装置、弹簧减震装置、中央牵引装置、车钩缓冲装置各有什么作用？
10. 制动方式有哪几种？制动装置有哪几种？简述它们的组成和动作原理。制动控制方式有哪几种？
11. 车辆电气牵引传动系统有哪些特点？
12. 传动控制技术有哪几种？
13. 接触网方式供电的线路采用何种受流设备？
14. 第三轨方式供电的线路采用何种受流设备？
15. 受电弓和集电靴有何不同？
16. 牵引电动机有哪些类型？
17. 简述直流电动机、交流电动机的结构和工作原理。它们各有哪些优缺点？
18. 什么是直线电动机？有何特点？
19. 简述牵引控制系统的组成和工作原理。
20. 简述主控制器的组成和工作原理。

第二章

城市轨道交通车载信号设备综述

第一节　车载信号设备的组成

目前，我国城市轨道交通信号系统有多种型号，各信号系统的组成虽然有所差异，但是车载 ATC 设备组成大体上是相同的，都由车载控制器、速度传感器及雷达、人机界面、车载通信网络、车辆接口等部分组成。

一、车载控制器

车载控制器通常分为 ATP 控制器和 ATO 控制器，它们都采用微处理器，均为冗余结构，两者共用外围设备。ATP 控制器主要完成列车运行超速防护的功能，ATO 控制器主要完成列车自动运行的功能。此外，还共同完成列车停车、车门与站台安全门的启闭、上传行车信息等功能。

列车两端各设一套车载控制器。

车载控制器安装在列车两端车载 ATC 设备机柜中。

车载控制器的外围设备有：用于测速及列车定位的测速传感器及测速雷达；用于确认列车位置的应答器查询器及其天线，接收单元及天线，车载显示单元。

二、速度传感器及雷达

列车的两端分别安装两个速度传感器，速度传感器提供速度信息，经处理后由 ATP 系统和 ATO 系统进行速度、方向和走行距离的计量，其中一个传感器故障不影响系统的正常工作。

速度传感器有多种，有的系统采用测速发电机，有的系统采用路程脉冲发生器，更多的系统采用光电式传感器。速度传感器安装在列车前部无动力车辆的轮轴上。

有的系统在列车的两端分别安装了一个雷达，是为了能对列车的速度和位置进行精确测量，防止列车空转打滑。雷达安装在车辆底部的车架下。并且在测速的基础上，根据轮径得到距离信息。

有的系统安装加速度计，用于检测空转、打滑。

三、人机界面

DMI 是司机的人机界面，即司机显示单元。列车两端的每个司机室配备一台 DMI，通过车载网络进行通信。

DMI 采用专用的车载嵌入式计算机，通过车载网络与列车两端的车载控制器连接。DMI 是车载控制器与司机的接口，根据车载控制器请求，通过声音、图像等方式将列车运行状态和辅助驾驶信息通知司机，从而辅助司机驾驶列车。

DMI 与车载控制器相接，给出以下显示（对司机的信息显示）：最大允许速度、当前运行速度、到站距离、列车运行模式、停站时间倒计时、系统出错信息等。司机输入信息有：司机编号、列车车次号和终点编号，以及其他开关、按钮的输入。

除了显示界面外，还设置司机外部接口，包括释放驾驶室的设备、允许按钮、车门释放按钮及确认按钮。

四、车载通信网络

车载通信网络分为车载系统与地面系统之间的通信网络和车内通信系统。

基于轨道电路的 ATC 系统的车载设备，通过接收线圈与地面进行单向通信，只能接收轨道电路的信息。在这种情况下，为了满足 ATO 双向通信的要求，在车站设电缆环线进行地面与车载之间的通信。

基于 CBTC 系统的车载设备，通过感应通信或无线通信的方式进行车地双向通信。感应通信即在线路上敷设轨间电缆，车载设备包括接收天线、车载计算机、发送及接收电路等。无线通信方式有波导管、漏泄电缆、自由空间波等，分别在线路旁敷设波导管、漏泄电缆，以及安装无线接入点，车上则有相应的天线和信息处理设备。

对于应答器，车上有车载查询器，两者进行信息传输，这也是单向通信，只能由地面向车上发送。

接收线圈、查询器均安装在车辆底部的车架下。

车内通信系统用于两端设备的联系，以及和车辆等系统接口。

第二节　车载信号设备的功能

车载信号设备的主要功能是列车运行超速防护、列车自动运行，为了达到这些目的，需要检测列车的位置，测速测距，进行车地通信，提供 DMI 显示。

一、列车运行超速防护

ATP 系统，即列车自动防护系统，其主要功能是对列车运行进行超速防护，保证列车间的安全间隔，以及列车在安全速度下运行。车载 ATP 设备完成命令解码、速度探测、超速下的强制执行、特征显示、车门操作等任务。ATP 系统不断强制执行移动授权控制，根据地面控制器对列车的移动授权命令，由车载控制器执行移动授权控制，接收通过轨道电路或感应环线或无线网络等传至车上的线路信息、前方目标点的距离和允许速度信息与预先储存的列车数据，动态计算安全距离，以确定列车最大允许速度，监督由测速传感器测得的实际速度，不超过列车最大允许速度。依此来对列车速度实行监督，使之始终在安全速度下运行。当列车速度超过 ATP 系统所指示的速度时，ATP 系统的车上设备就发出制动命令，使列车

自动地制动，并进行防倒溜监督和障碍移动监督（在自动模式下）。

二、列车自动运行

ATO 系统，即列车自动运行系统，它不仅对列车进行制动控制，而且用地面信息实现对列车驱动、速度的控制，包括列车自动折返，根据控制中心的指令使列车按最佳工况正点、安全、平稳地运行，自动完成对列车的起动、牵引、惰行和制动，使列车经常处于最佳运行状态。

ATO 车载控制器通过比较实际列车运行速度及 ATP 系统给出的最大允许速度及目标速度，并根据线路的情况，自动控制列车的牵引及制动，使列车在区间内的每个区段始终控制速度运行，并尽可能减少牵引、惰行和制动之间的转换。

当发车安全条件符合时（在 ATO 模式下，关闭了车门，这由 ATP 系统监视），ATO 系统给出起动显示，司机按起动按钮，ATO 系统使列车从制动停车状态转为驱动状态。停车制动将被缓解，然后列车加速。ATO 系统通过预设的数据提供牵引控制，该牵引控制可使列车平稳加速。

三、检测列车位置

列车在线路上检测到两个相邻的应答器，便实现列车位置定位的初始化。然后列车根据测速传感器，对运行过程的距离进一步细化定位，由于线路数据库，唯一地定义了线路上的所有位置，所以运行过程中检测到轨道应答器所提供的同步点信息，实现列车的定位校正。而列车实际定位位置，应根据列车向地面设备报告的列车车头和车尾位置，加上车头、车尾的不确定误差和在报告传输过程中的运行距离，还应该考虑先行列车尾部潜在的倒溜距离。

四、车站定位停车

线路上的车站都有预先确定的停站时间间隔。控制中心 ATS 系统监督列车时刻表，计算需要的停站时间以保证列车正点到达下一个车站。由集中站 ATS 系统通过通信网络传送给车载设备。车载设备与地面应答器组配合，实现车站定位停车。

当停车特征启动后，ATO 系统基于列车速度、预先确定的制动率和距停车点的距离计算制动特征。ATO 系统将通过根据要求改变牵引和制动需求来遵循此特征。停车点是列车头尾和车站头尾的匹配。一旦列车停车，ATO 系统会保持制动，以避免列车运动。

五、监督运行方向

方向监督功能的作用是监督列车在“反方向”运行中的任何移动，如果此方向的移动距离超过规定值，那么就会实施紧急制动。无论是单一的移动或是在几个短距离移动中交替地被“前行”的短距离移动中断时都能累计“反方向”运行的距离。

六、监督后退

监督后退功能防止列车后退时超过某特定的距离。列车后退距离的累加减去几次短暂前行的距离不能超过规定的距离（如 3 m）。假如超过此距离列车将通过 ATP 系统实施紧急制动，确保列车不后退。

七、测速测距

通过各种安装在车轴上的速度传感器和安装在车底的雷达测量列车轮径运行速度，并且根据轮径计算出实际走行距离，以此作为 ATP 系统进行速度监督的依据。

八、车地通信

对于基于轨道电路的 ATC 系统，采用安装在车底的接收线圈接收音频轨道电路的数据，车载 ATP 设备将报文解码。用车载 ATO 设备的 TWC 天线和通信收发器接收电缆环线中的信息。

对于基于轨间电缆的 CBTC 系统，每个 VOBC 设两个接收天线和两个发送天线，通过电缆环线与地面实现双向通信。

对于无线 CBTC 系统，有波导管、自由空间波和漏泄电缆等通信方式，车载设备通过相应的天线，进行车地双向通信。

九、自动折返

无人自动折返是一种特殊情况下的驾驶模式，在这种驾驶模式下无须司机控制，而且列车上的全部控制台将被锁闭。

当列车停在折返轨，接收到无人驾驶折返运行许可时，自动选定 AR 模式。授权经驾驶室内的人机界面显示给司机，司机必须确认这个显示，通过按压 AR 按钮表示接受，按压后 AR 按钮闪亮。司机关闭驾驶控制台，按下站台的 AR 按钮以后，在没有司机的情况下实施自动折返。在折返有效时，列车另一端司机室内的 AR 按钮闪亮，表示该司机室已经可以使用。同一或另外的司机打开先前司机室内的司机操作控制台，车载 ATP 单元进入 SM 模式并准备列车的返回运行。

列车一到出发站台，车载 ATC 设备就会退出 AR 模式。

十、临时限速

临时限速的数据由报文传输给车载 ATP 设备，再由车载 ATP 设备将减速命令经 ATO 系统传达给车辆驱动制动控制设备。此时车载 ATO 设备的功能犹如 ATP 系统与驱动、制动控制设备之间的一个接口。对于长期的限速区间，数据可事前输入 ATO 系统，在执行自动驾驶时，ATO 系统会自动考虑到该限速区间。

十一、车门控制

在通常的情况下，在列车没有停稳在站台时，ATP 系统不允许车门开启。只有当列车到达对位停车点，误差在允许范围以内时，地面定位天线才会收到车载定位天线发送的停稳信号，列车从轨旁 ATP 设备收到车门开启命令，才允许相应侧的车门开启。如果检测到列车在移动，而车门没有锁在关闭状态，车门监督功能就会实施紧急制动。除了被抑制，车门监督功能在所有驾驶模式中都有效。

在自动模式下，由 ATP 系统监督开门条件，当 ATP 系统给出开门命令时，可以按事前的设定由 ATO 系统自动地打开车门。

车门打开条件在满足时可得到车门释放指令，将车门打开命令发给负责控制车门的列车系统，打开车门。

列车停站时间结束（或人工终止），地面停站控制单元启动车站 ATP 模块，停发开门信号，司机按压关门按钮，关闭车门。

系统还实现车门与安全门的联锁，可以与安全门的控制系统全面进行相接，保证列车的精确和可靠的到站停车。

十二、人机交互

车载设备通过人机接口提供了与司机和检修人员的交互接口，司机可以通过相应的菜单界面输入司机编号、车次编号和终点编号等信息。

借助于人机界面，司机可以按照 ATP 系统的指示运行。人机界面包括司机显示功能、司机外部接口两个子功能。司机显示功能向司机显示实际速度、最大允许的速度、目标距离、目标速度、ATP 设备的运行状态，以及列车运行时产生的重要故障信息，在某些情况伴有音响警报。

检修人员在输入密码并通过密码验证之后，可在触摸屏上输入日期、时间、轮径、车辆标识等数据。

十三、运行信息的记录及管理

车载 ATP 设备能够完成对列车运行整个过程信息的记录，主要包括：

（1）车载 ATP 设备工作状况记录功能

通过与车载 ATP 设备的各种输入/输出接口和通信总线相联系，记录车载 ATP 设备的工作过程，可以分析车载 ATP 设备的工作状况。

（2）司机驾驶状况记录功能

通过与司机的驾驶操作设备的接口，对司机的驾驶过程进行记录。

（3）ATO 设备工作状况记录功能

通过与 ATO 设备的各种输入/输出接口和通信总线相联系，记录 ATO 设备的工作过程，可以分析 ATO 设备的工作状况。

（4）列车运行情况详细记录功能

通过与列车设备的接口，对列车的运行情况进行记录。

车载控制器通过数据通信系统与控制中心 ATS 系统直接通信。ATS 系统周期性地接收从各列车发来的列车所在位置和列车状态报告。

第三节　测速与测距

确定车辆速度和位置是车载 ATC 设备关键且重要的功能。

一、测速

列车运行速度的测量非常重要，列车实际运行速度是速度控制的依据。该速度值的准确和精度直接影响调速效果。

1. 测速设备

测速设备为ATP/ATO功能提供输入，用以完成所需的速度、距离和方向信息的计算。测速有车载设备自测和系统测量两种方法。

车载设备自测有测速发电机、路程脉冲发生器、光电式传感器和霍尔式脉冲转速传感器等。系统采用两个传感器，其中一个传感器故障不影响系统的正常工作。它们安装在列车前部无动力车辆的轮轴上，两个速度传感器应该安装在不同的转向架上，如果一个速度传感器装在前轴（如第2轮对）的左轮上，另一个应装到后轴（第3轮对）的右轮上；反之亦然。可以安装在列车的两侧。

系统测量有卫星测速和雷达测速等方法。可以安装在列车的两侧。

（1）测速发电机

早期采用测速发电机测速。测速发电机安装在车轮轴头上，它发出的电压与车速成正比，该电压经处理后产生模拟量和数字量两个输出，分别用来驱动速度表和进入车上主机以便进行速度比较。测速发电机在低速范围内精度较差，可靠性也不高。

例如，基于无线通信的SelTrac S40、CITYFLO 650型CBTC系统就采用了测速发电机。

（2）路程脉冲发生器

路程脉冲发生器的核心部件是一个16极的凸轮，随着车轮的转动，发生一系列脉冲，车速越快，脉冲数越多，只要在一定时间内记录下脉冲的数目，就能换算成列车的实际速度。

例如，西门子ATC系统采用的每个速度脉冲发生器有一个齿轮，它与车轮一起旋转。齿轮上的16个齿移动经过两个传感器。每个传感器有一个振荡器，产生45.5 kHz和60.5 kHz频率，具体频率由谐振电路决定。列车车轮的旋转引起两个载波周期的调制，然后传送至车载ATP单元进行测算。根据齿轮的旋转方向，可确定车组的运行方向。

（3）光电式传感器

光电式传感器应用光学传感技术，它有一个多列光圈盘，随着车轮的转动，光线不断地通过和被阻挡，使光电式传感器产生电脉冲，通过记录脉冲数目来测量车速。

例如，US&S ATC系统采用两个DF－17型速度传感器，每个传感器都是多通道的。传感器的输出是基于旋转距离的脉冲，该信号既被用在ATP单元，又被用在ATO单元，以确定车辆运动参数，包括真实速度、方向、所行里程、回转和零速度（车辆停止）。每一个速度传感器包含四个独立通道，四个通道等间隔地分布在一个圆形的传感器基座上。从顶部顺时针数，分为两组，一组是通道1和通道2（有90°的相移），另一组是通道3和通道4（有90°的相移）。两组彼此独立（不同的通道采用独立的电源并且是相互电隔离的、独立的机械结构），即通道2和通道3没有关系，通道4和通道1也没有关系。对于四个独立光电电路所侦测到的四股独立光线，决定是否让其通过。DF－17型速度传感器每转产生128个脉冲。这些传感器特征可以提供1 km/s的速度测量精度，即可以探测到大于1 km/h的速度。ATP系统比较来自两个传感器的数据，以最后决定列车的速度。车辆速度由每单位时间（250 ms）的脉冲计数来确定。

又如ALSTON ATC系统和iCMTC型CBTC系统采用的是DF16型光电式传感器的编码里程计，图2－1所示为其工作原理图。发射二极管发出的连续光束被编码盘遮断，接收晶体管探测到脉冲光束，并产生一个与编码盘转速有相应比例的频率。此频率信号经适当的放

大器元件传输给评估系统。

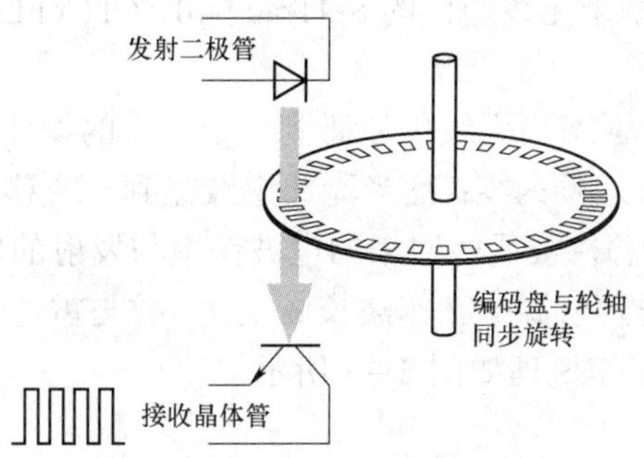

图 2－1　编码里程计的工作原理图

图 2－2 所示为编码里程计的工作示意图。三个传感器（C1、C2、C3）完成速度测量和确定走行方向，一个传感器（C4）完成编码任务。C1、C2 和 C3 所数到的齿数用以计算车轮的转动。同时，C4 进行编码检测（该编码与车轮位置一一对应）。通过比较所有这些测量方式的一致性，ATP 系统可以安全地计算列车的速度。

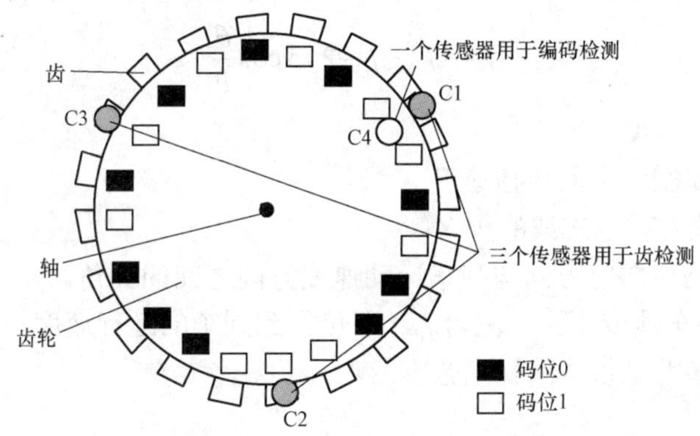

注：本示意图仅用于理解编码里程计如何工作。

图 2－2　编码里程计的工作示意图

编码里程计安装在非牵引车轮上，采用多芯电缆链路，与安全处理器单元接口；VPB－2 板提供光传感器的电源 DC 24 V；编码里程计传感器根据列车位移提供电脉冲。

（4）霍尔式脉冲转速传感器

车轮转动时，使霍尔式脉冲转速传感器产生频率正比于车轮转速的信号，用来进行测速。须采用两路测速，两套传感器安装在不同的车轴和不同的侧面，以提高测量准确性和测量精度，并对车轮空转、蠕滑、死抱等引起的误差进行修正。

（5）雷达测速

由于测速传感器无法精确补偿车轮空转和滑行，为了能够对列车的速度和位置进行精确测量，防止列车空转打滑的影响，因此用一台多普勒雷达装置，向 ATP/ATO 系统输入第三个车速信息，这个信息跟测速输入的车速相比较，以检验车速测量系统的可靠性，即多普勒雷达提供另一套距离、方向和速度的测量系统。它通过串行接口，能修正列车空转和打滑误差。多普勒雷达单独安装在列车底部的车架下，必须安装在轨道扣件的上方，靠钢轨的内侧，调向运行轨的相邻区域。雷达和道床反射面之间的距离为500～1 000 mm。

例如，LCF－300型、基于无线通信的SelTrac S40、CITYFLO 650型CBTC系统都采用了雷达测速。

雷达测速应用多普勒效应，当无线电波碰到一个静止的物体时，被反射回来的电波频率与发射的电波频率一样，其差频为零；而当无线电波碰到一个移动的物体时（不论该物体是迎着发射源还是背离发射源），被反射回来的电波频率与发射的电波频率不一样，其差频与移动物体的速度成正比，与发射源的工作波长成反比，并与雷达辐射方向和移动物体方向间的夹角有关。雷达测速的工作原理如图2－3所示。

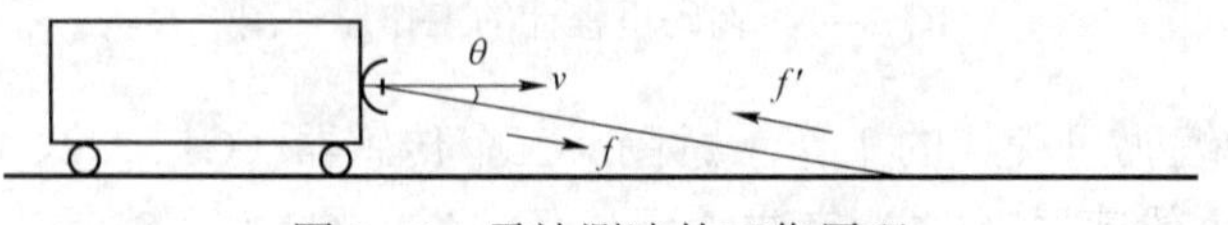

图2－3　雷达测速的工作原理

列车雷达天线向地面发射频率为f的微波波束，电磁波被地面反射回来，由于反射体的相对运动，产生多普勒效应，其频率将偏离f而变成f'。f'与f的差值f_d称为多普勒频率。

$$f_d = |f' - f| = 2fv\cos\frac{\theta}{c}$$

式中：v——列车运行速度；

c——电磁波在空气中的传播速度；

f——雷达天线发射电磁波的频率；

θ——雷达电磁波辐射方向与列车运动速度方向之间的夹角。

多普勒频率f_d与车速成正比，测得f_d，即可得到列车的运行速度。

图2－4显示了多普勒雷达的探测范围。

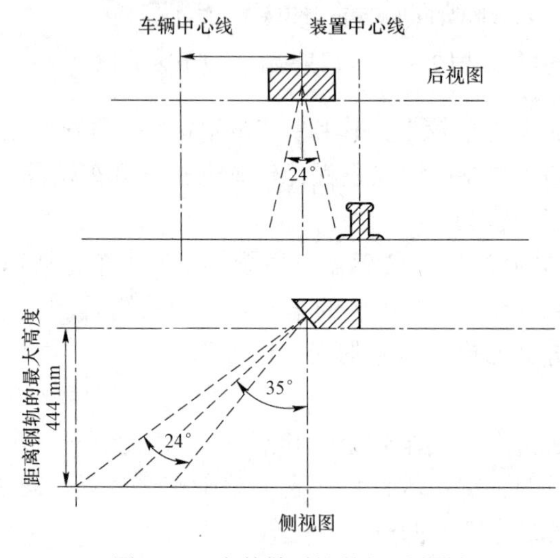

图2－4　多普勒雷达的探测范围

二、测距

1. 距离测量

在目标距离模式中，列车位置对于安全性至关重要。如果列车无法掌握它在线路中的准确位置，那么它就无法保证在抵达障碍物或限制区之前停下或减速。如何测量距停车点的精确距离是车载 ATP 系统的重要任务。通过连续确定列车行驶距离，车载 ATP 系统可以随时查找列车的精确位置。

测距是通过测速与轮径完成的，距离测量系统记录车轮旋转的次数，考虑运行方向和车轮直径，计算出列车走行的距离。距离测量系统利用两个速度传感器测得的数据，通过两个通道进行比较。如果结果不一致，为可靠起见，取其中的最大值。

对于基于轨道电路的 ATC 系统，距离信息可以音频轨道电路的分界来定位，当列车经过轨道电路的分界时，同步测量距离。在跨越轨道电路边界时，如果已经接收到带有有效时间标记的新报文，距离测量装置复位为零。

对于 CBTC 系统，可通过应答器来进行测速测距。应答器沿线路布置。这些应答器由装在列车上的发射应答器读取。每个应答器都有一个独一无二的识别号，存储在 ATP/ATO 系统存储器中。这个系统可以确保在指定范围内对转速传感器发出的信号进行自动重新校正，也能进一步确定列车位置。

2. 轮径校正

车轮长时间运行，磨损在所难免。虽然这种磨损不大，但是车轮旋转的次数非常大，测距的误差就相当大。必须进行轮径校正，对车轮磨损予以补偿。

在转换轨、联络线等处设置轮径校正应答器（WB），用于列车轮径的自动校正；为了缩短在正线上车载信号设备重启后投入运营的时间，可以考虑在车辆段出口处、上下行每两三个区间的适当位置设置 WB。WB 也称动态初始化应答器（MTIB），两个 WB 相隔 21 m，构成初始化应答器组。记录车轮经过两个 WB 的时间，即可得到车速，从而得到实际的轮径。

ATP 系统允许输入正确的车轮直径，由此来确保正确测量速度和距离。当维护人员键入密码后，通过面板上的开关和显示器就可设置轮径，数据进入 ATP 单元后会存放在可擦编程只读存储器（EPROM）中。此项来自 ATP 处理器的安全输入，可以以步长 1 cm 进行调整，以对磨损予以补偿。需要注意的是，这是一项在线操作，离线后无法操作。

三、测速、测距信息的处理

对于测速传感器和雷达得到的信号，车载控制器要进行处理，以获得列车的实际运行速度和走行的距离，为 ATP 系统提供计算速度曲线的依据，为 ATO 系统提供了条件信号。

例如。US&S ATC 系统的车载设备中的转速器输入板与速度传感器相连接，处理其所产生的脉冲。ALSTON ATC 系统的车载 SACEM 设备与编码里程计相连接，对来自编码里程计的信号进行计算处理。iCMTC 型 CBTC 系统的车载设备的中央处理单元，获取编码里程计的信息并进行处理。LCF－300 型 CBTC 系统的测速定位板 VPB－2 实现与车轮传感器相接和脉冲处理。

测速测距产生的速度和距离信息及运行方向，除了要用于对列车速度进行监督以外，还要通过 CAN 通信口，传给人机接口系统用于显示。

第四节 车 地 通 信

完整的 ATP/ATO 系统包括地面设备和车载设备，要完成 ATP/ATO 功能，必须地面设备和车载设备协同工作，因此地面设备和车载设备之间有大量的信息需要交换，这就一定要进行车地通信，而且这种通信要可靠、连续、正确。

对于基于轨道电路的 ATC 系统主要是接收轨道电路信息，以及进行环线通信。对于 CBTC 系统则有感应通信和无线通信两大类，以及与应答器通信。

一、轨道电路通信

轨道电路是单向通信，只能由地面向车上发送，地面不能接收车上发来的信息。

ATP 天线就是接收线圈，由两个绕在铁氧体棒上的电感线圈组成，两个线圈彼此屏蔽、密封。一个线圈用于 ATP 安全系统，另一个线圈用于 ATP 非安全系统。天线共两套，分别装在列车下部两条运行轨的正上方、最前端转向架的车轮前面，应以适当的角度与车辆运行方向一致水平地或同心地（一个高度）安装。ATC 天线中心应位于轨道中心。天线与列车第一轮轴间的距离在 0.8～1 m 范围内。钢轨与天线底缘间的距离应保持在 100～150 mm 范围内。每个司机室装备有一对 ATP 天线，只有司机室在使用时 ATP 天线才被选用。

通过天线，车载 ATP 设备可以读出由地面 ATP 设备传来的编码信息。两侧天线反相串联，可滤掉列车牵引的共模干扰。

来自选定天线的信号被传到车载 ATP 单元的接收器模块，接收器模块是频移键控编码信号接收器和解调器，用来与采集线圈相接。采集线圈可从轨道电路中提取数码数据。在载频频率的范围内，接收器模块能以 200 bps 的速度处理所采集的信号，实现安全解码。

二、环线通信

在采用基于轨道电路的 ATC 系统时，轨道电路不能接收车上发来的信息。而 ATO 系统必须实现双向通信，完成程序停车、运行图和时刻表调整、轨旁/列车数据交换、目的地和进路控制等 ATO 功能。于是用电缆环线与车上的通信收发器实现环线通信。

环线通信系统的车地通信（TWC）交换的数据包括：列车到轨旁——分配列车识别号、目的地、车门状态、车轮磨损表示（从 ATP 系统到控制中心）、在接近车站时制动所产生的过量车轮滑动、紧急情况或异常情况（比如不正确的开门）；轨旁到列车——车辆车门开启命令、列车号的确认、列车长度、性能修改数据、出发测试指令、车门循环测试、主时钟参考信号、跳停指令、搁置命令、申请车载系统和报警状态。

环线通信系统包括以下设备：

（1）ATO 发送环路

ATO 发送环路由电缆环线和 ATO 环路单元组成。

① 电缆环线。

环线通信系统利用轨条间的轨旁环线与列车通信。电缆环线位于轨条和安装在列车下部

的天线之间。电缆环线安装在所有车站中、所有存车线及车辆段/正线分界处的转换轨中。在车站，每个站台都有一个独立的TWC环线，TWC环线长度为站台有效长度，每隔12 m转换一次。轨旁TWC是主单元，使用单独载频的频移键控（FSK）调制技术来完成发送和接收功能，发送和接收采用相同的载频频率。车载TWC单元是从单元，只有轨旁TWC单元才能发起与车载TWC单元之间的通信，车载TWC单元仅当接收到合法消息之后才作出回应。

电缆环线的作用有两个：一个作用是通过环路的位置及交叉，使列车得知确定的位置信息，实现车站定点停车；另一作用是在列车停车期间，与列车进行信息交换。

电缆环线分为发送环路和接收环路。

发送环路由铺设在走行轨旁边的电缆组成，位于列车停在停车点时列车接收天线所在位置的下方。发送环路通过环路馈入单元接收来模拟信号，然后产生调制信号传给列车接收天线。发送环路可以配置为两个环，当两个环在地面轨旁安装的时候，一个环是另外一个的镜像。

接收环路由挨着走行轨铺设的电缆组成，位于列车停在停车点时列车发送天线所在位置的下方，配置为一个环。接收环路接收来自列车的调制信号，并产生一个模拟信号，经过匹配单元送到调制解调器模块。

② ATO环路单元。

ATO环路单元包括ATO环路馈送单元和ATO匹配单元。

ATO环路馈送单元包含在一个玻璃强化聚酯塑模的机箱内，该单元通常安装在站台下面的一侧。ATO环路馈送单元用来将模拟信号连接到发送环路。

ATO匹配单元包含在一个玻璃强化聚酯塑模的机箱内，该单元通常安装在站台的一侧。用来将发送的或接收的数据耦合到环线间。

（2）车载ATO系统的TWC天线和通信收发器

车载TWC系统安装于车载天线与车辆底盘之间，是一个基于微处理器的系统调制解调器，它通过一个专门的车载天线和轨旁感应线圈提供同轨旁之间的双向通信。调制解调器格式化信息规程，完成FSK调制任务。波特率可选择，最大为9 600 bps。TWC调制解调器使用60 kHz载频。

通信收发器用于处理发送和接收的信息。

例如，US&S ATC系统的车载TWC系统印刷电路板有：

① 串行通信控制器（SCC）板：包含一个微处理器，由它实现用于控制TWC收发印刷电路板的调制解调器功能。

② 发送/接收板：为SCC板提供了必要的电路，用以与车载天线相接，并进行信号的收发。

三、感应通信

基于轨间电缆的CBTC系统，车地之间采用感应通信。这类ATC系统主要由中心设备、轨旁设备及车载设备组成，如图2－5所示。

控制中心与若干个沿线设置的中继器相连，一个中继器最多可连接128个轨间电缆环路，控制中心与敷设在轨间的电缆之间的交换信息将在中继器内进行中间变换（频率变换、电平变换、功率放大等）。

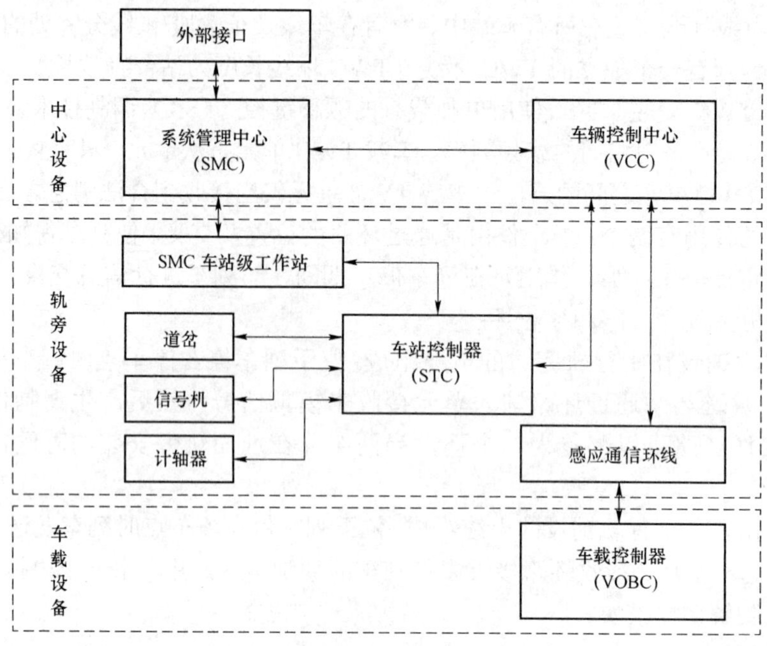

图 2－5　采用轨间电缆的 ATC 系统

1. 轨间电缆

在这类 ATC 系统中，轨间电缆是车地之间唯一的信息通道。为了抗牵引电流的干扰及实现列车定位，轨间电缆每隔一定距离（例如每隔 25 m）作一交叉，如图 2－6 所示。

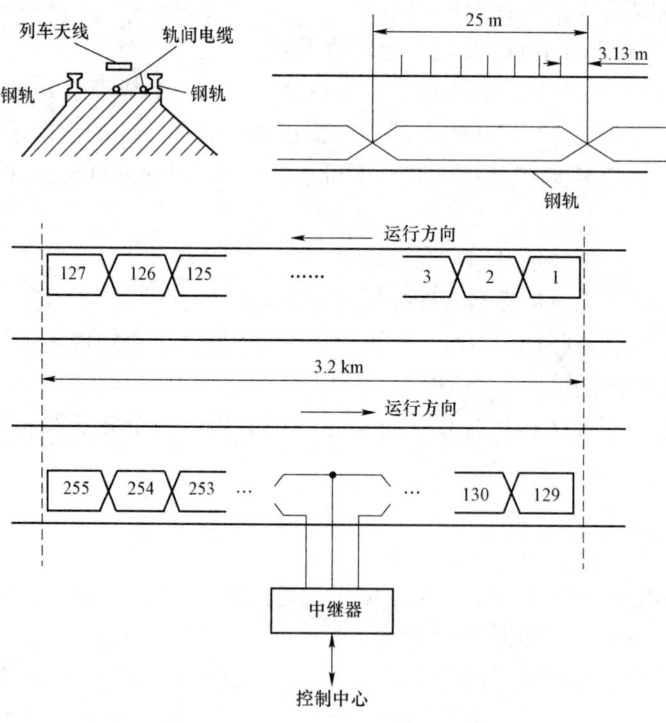

图 2－6　轨间电缆的交叉配置

一个中继器最多可控制 128 个电缆环路，所以一个中继器的最大控制距离为 3 200 m。利用轨间电缆的交叉配置即可实现列车定位。可用 14 位电码的约定结构来表示列车的地址信息，如图 2－7 所示。

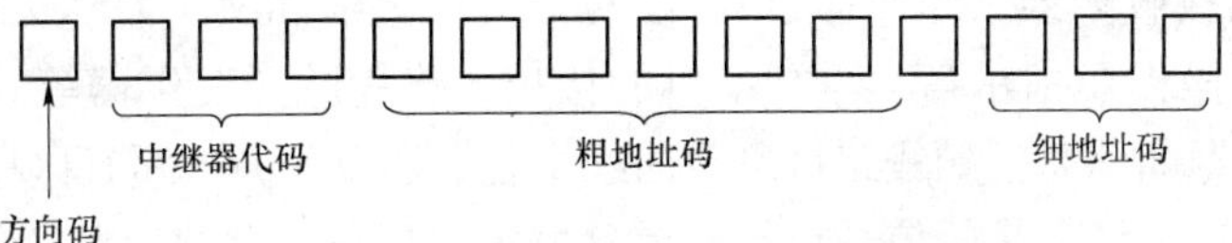

图 2－7　用于列车定位的地址码

其中最高位为列车运行方向码；第 11～13 位为中继器代码；第 4～10 位粗地址码，表明列车处于哪一个电缆环路，每当列车驶过一个电缆交叉点，利用信号极性的变化引发粗地址码的末位码加 1；第 1～3 位为细地址码，列车每驶过 25×（1/8）=3.15（m），细地址的末位码加 1。通过这种事先约定的电码结构，列车定位地址码解码后即可知道列车所在的确切位置。

2. 中继器

中继器的结构框图如图 2－8 所示。中继器是控制中心与轨间电缆之间的中间环节，它的功能是把控制中心的命令通过轨间电缆传给列车，将列车信息传到控制中心。来自控制中心的信息是数字频率调制信号，传输速率是 1 200 bps，在中继器内进行频率变换、功率放大（20 W 以上），然后接向轨间电缆。信息的传输通常采用脉码调制方式，有的采用脉幅调制方式，更多的采用 FSK 方式。

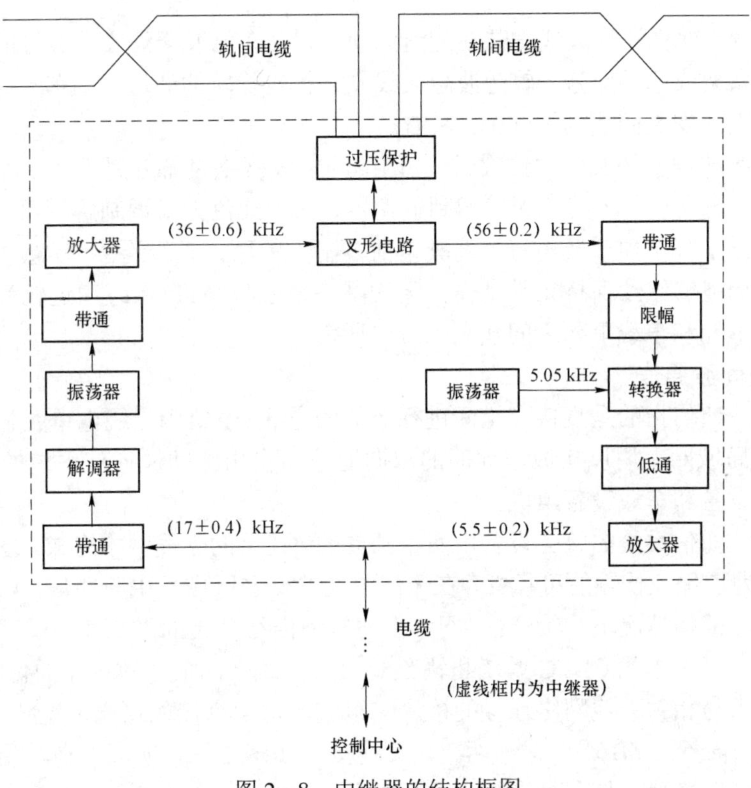

图 2－8　中继器的结构框图

采用 FSK 方式，从控制中心向列车传输采用的频率为（36±0.2）kHz，从列车向控制中心传输采用的频率为（56±0.2）kHz，在同一电缆中传输。

3. 车载设备

车载设备包括接收天线（每个 VOBC 设两个接收天线和两个发送天线）、车载计算机、发送及接收电路、操作及指示盘、与制动机的接口、路程脉冲发生器等。在控制中心内按地理坐标储存了各种地面信息（如线路坡度、曲线半径、道岔位置、缓行区段的位置与长度等）。此外。经过联锁装置，将沿线的信号显示、道岔位置、列车的有关信息（车长、制动率、所在位置、实时速度等）不断地经由轨间电缆传至控制中心。控制中心内的计算机计算出在它管辖的区段上每辆列车当前的最大允许速度，再经由轨间电缆传至相应列车，实现速度控制。

四、无线通信

无线通信方式有波导管、自由空间波和漏泄电缆等。

1. 波导通信

波导通信是利用波导管进行通信的方式。波导管是能传输电磁波的金属管，简称波导。波导用于连接各种微波元器件，相当于低频电路中的导线。一般大功率的微波传输都采用空腔的管状金属波导。波导有多种几何形状，一般为正方形或圆形截面。

波导裂缝天线主要由裂缝波导、波型滤波器和辐射喇叭组成。裂缝波导是在波导管窄壁开一系列倾斜的窄缝，裂缝破坏了波导壁上超高频电流的路径，于是波导内的电磁波就向外界空间辐射出去。每个裂缝相当于一个小天线，全部小天线组一个天线阵，具有很好的方向性。

在地下部分，轨旁波导天线安装在隧道的顶部，在车站及无法安装波导的地方采用自由无线传输。在高架或地面部分，轨旁波导天线安装在走行轨的旁边。列车天线安装在车顶。

轨旁传输设备安装间隔为 1 000 m 左右。

在列车的两端均安装波导的接收天线。两端的无线网络设备分属于两个独立的无线网络系统，每辆列车内安装一个蓝色无线调制解调器、一个红色无线调制解调器。每个车载无线调制解调器与位于列车顶部及与每个驾驶室前方附近的两架天线连接。任意一个网络发生故障，整个系统均能够继续保持正常工作。无线网络系统与 ATP 系统通过轨旁到列车的通信网络，在轨旁单元和车载单元之间建立了双向通信。

2. 自由空间波通信

自由空间波通信指的是直接在空间进行通信的方式。由轨旁无线电单元和车载无线接收单元组成无线局域网，用以构成车地间的双向通信。自由空间波通信系统的结构如图 2－9 所示，由轨旁设备和车载设备组成。

自由空间波通信系统的轨旁设备由两个独立的、冗余的无线网络组成。之所以采用两个无线网络，是为了保证传输的可靠性，在无线单元的交叉区域不中断通信，以及在一个无线网络的某接入点故障情况下持续通信。网络由与轨道沿线分布的天线和与骨干网相连接的无线接入点组成，用于车载 CBTC 系统和轨旁 CBTC 系统之间信号数据流的传输。

每个基站由与相关无线网络连接的接入点组成，这两个接入点通过光纤与骨干网连接。每个接入点通过一个 3 dB 耦合器与两架天线连接，如图 2－10 所示。在基站内，每个接入点都与一个光纤转换器连接，带有独立的电源。

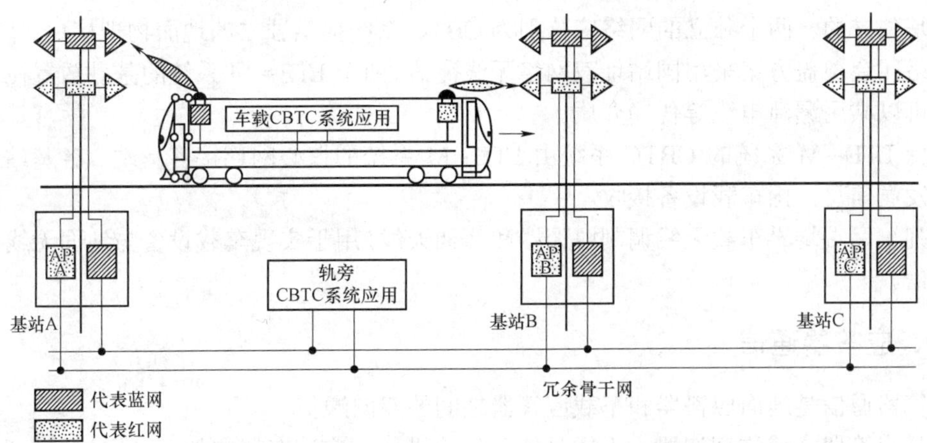

图 2-9 自由空间波通信系统的结构

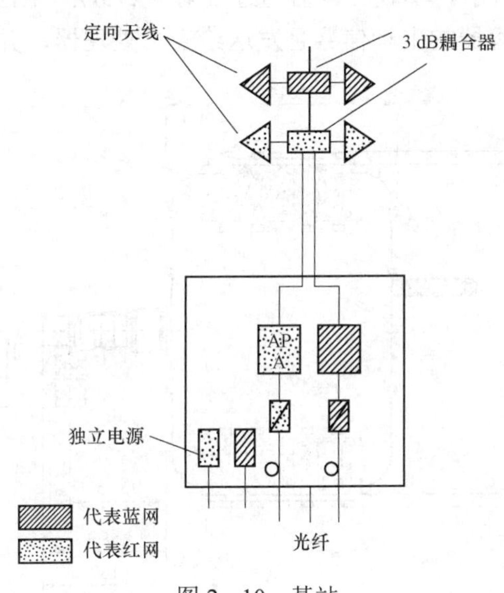

图 2-10 基站

车载通信系统由移动通信设备和天线构成。在列车每端安装一个移动通信设备和两个天线，用于实现与地面无线设备的通信。移动通信设备是车载无线设备，用来在车载设备和轨旁设备间传输数据。车载 ATP 和 ATO 系统通过两个独立的以太网连接到移动通信设备。

3. 漏泄电缆通信

漏泄电缆的结构与普通的同轴电缆基本一致，由内导体、绝缘介质和外导体三部分组成，但在同轴管外导体上开设一系列的槽孔或隙缝。电磁波在漏泄电缆中纵向传输的同时通过槽孔向外界辐射电磁波，外界的电磁场也可通过槽孔感应到漏泄电缆内部的电磁波并传送到接收端。漏泄电缆中场强衰减较均匀且无起伏，易为接收设备所接收。

漏泄电缆传输频段较宽，能传输各种数据信息。由于漏泄电缆衰耗较大，较长距离时需要装设中继器，用以补偿传输损耗，中继器须远距离供给电源。

地铁长期演进（LTE－M）系统是针对城市轨道交通综合业务承载需求的 TD－LTE 系统，LTE－M 系统采用双网冗余结构，两个网络的所有网元设备（包括核心网、基站、车载终端等，都是独立的。两个独立的网络应分别为 CBTC 系统提供独立的地面物理接口。LTE－M 系统网络冗余覆盖方案采用同站址双网络无线覆盖。两个 LTE－M 系统的基站放置在同一个地点，可以共用漏泄电缆等传输介质。

采用 LTE－M 系统的 CBTC 系统由 LTE－M 系统的核心网连接各基站，各基站通过漏泄电缆发送信息，由车载设备接收。

在列车两端均设车载无线调制解调器和两架天线，用于实现车载设备与地面无线设备的无线通信。

五、应答器通信

应答器通信是地面应答器和车载应答器之间的双向通信。

车载应答器（或称查询器）天线是地车传输设备，安装在转向架下（需要减振器）。车载应答器天线如图 2－11 所示。车载应答器通过发射（27.095 MHz）信号，向应答器供电。应答器天线接收和放大应答器的上行信号且发送给安全处理器，并准确检测应答器中心。

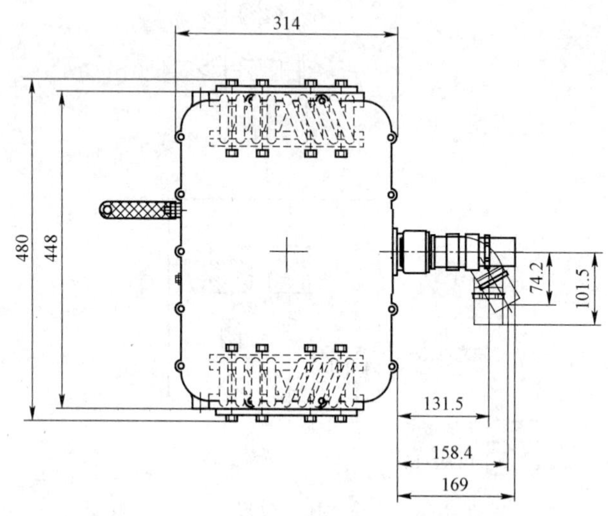

图 2－11　车载应答器天线（单位：mm）

应答器通信除了在连续式 ATC 系统运用外，还在点式 ATC 系统中起主要作用。

图 2－12 所示为点式 ATC 系统的基本结构，由车载设备和地面设备组成，主要是地面应答器、地面电子单元（LEU）及车载设备。

1. 地面应答器

地面应答器通常设置在信号机旁或者设置在一段需要降速的缓行区间的始、终端。

不论什么型式的地面应答器，其共同特点是接收车载设备发射的能量，供内部电路与回答发送用。其内部寄存器按协议以数码形式存放实现列车速度监控及其他行车功能所必需的数据。置于信号机旁的地面应答器，用以向列车传递信号显示信息，因此需要通过接口与信号机相连，此接口即 LEU。地面应答器内所存储的部分数据受信号显示的控制。置于线路上的地面应答器通常不需要与任何设备相连，所存放的数据往往是固定的。

当列车驶过地面应答器，且车载应答器与地面应答器对准时，车载应答器首先以一定的频率，通过电磁感应方式将能量传递给地面应答器，地面应答器的内部电路在接收到来自车

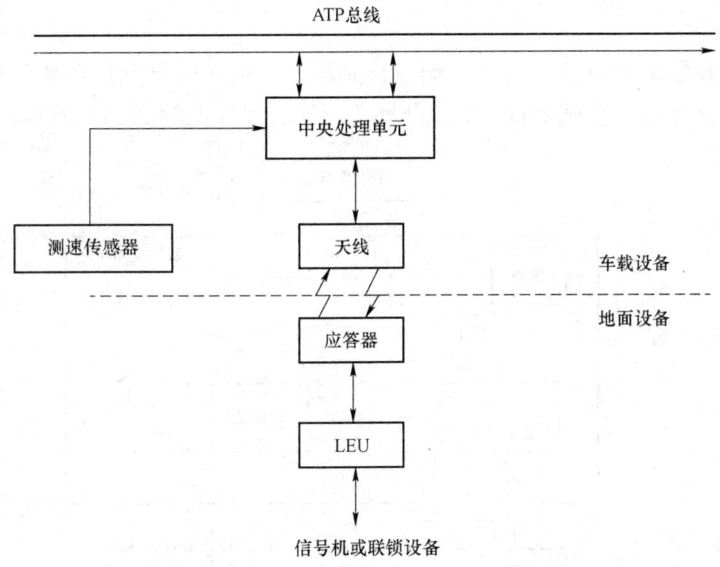

图 2－12　点式 ATC 系统的基本结构

上的能量后即开始工作，将所存储的数据以某种调制方式（通常用 FSK 方式）仍通过电磁感应传送至车上。图 2－13 表示点式列车速度控制系统及车载应答器与地面应答器之间的耦合关系，其中 100 kHz 为能量通道，850 kHz 为信息数据通道，50 kHz 是为增大可靠性而设置的监视通道。

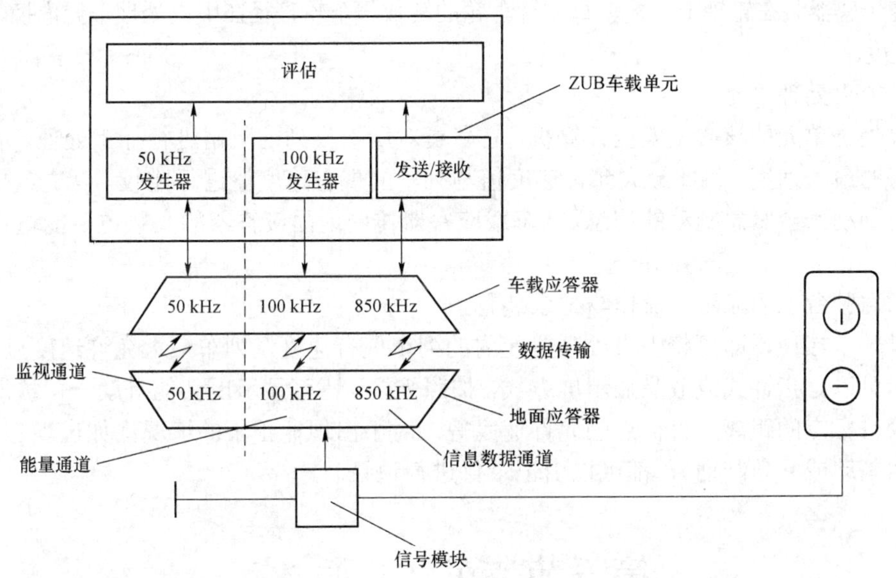

图 2－13　车载应答器与地面应答器之间的能量与数据传输

2. LEU

LEU 是地面应答器与信号机之间的电子接口设备，其任务是将不同的信号显示转换为约定的数码形式。LEU 是一块电子印刷板，可根据不同类型的输入电流输出不同的数码。

3. 车载设备

车载设备一般由车载应答器天线，测速传感器，中央处理单元，驾驶台上的显示、操作与记录装置等部分组成。点式 ATC 系统的车载设备的组成如图 2－14 所示。

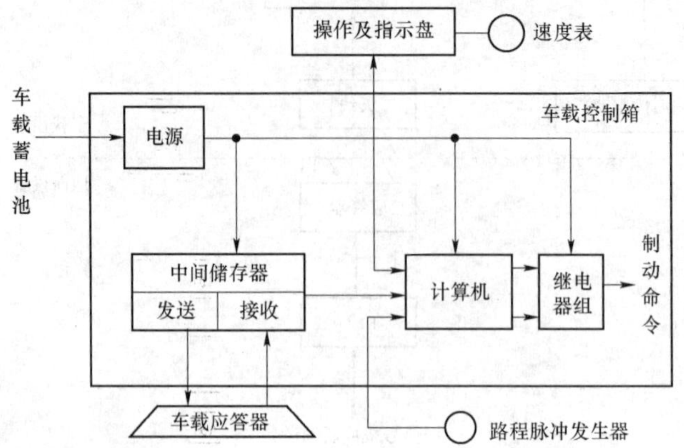

图 2－14　点式 ATC 系统的车载设备的组成

（1）车载应答器天线

车载应答器完成车地的耦合联系，将能量送至地面应答器，接收地面应答器所储存的数据并传送至中央处理单元。

（2）测速传感器

测速传感器装在轮轴上，根据每分钟车轮的转数与车轮直径在中央处理单元内换算成列车目前的速度。

（3）中央处理单元

中央处理单元的核心是安全计算机，它负责对所接收到的数据进行加工处理。形成列车当前允许的最大速度，将此最大允许速度值与列车的现有速度值进行比较，以决定是否给出启动常用制动乃至紧急制动的信息。从车载应答器传向地面应答器的高频电磁能量也是由它产生的。

（4）驾驶台上的显示、操作与记录装置

经过一个接口，即可将中央处理单元内的列车现有速度及列车最大允许速度显示出来，这种显示可以是指针式或液晶显示屏方式，按照需要，还可显示出其他有助于司机驾驶的信息，如距目标点的距离、目标点的允许速度等。对于出现非正常的情况（如出现超速报警、启用常用制动或紧急制动），都可以由记录仪进行记录。

第五节　车 内 通 信

车载通信系统除了用来在车载设备和轨旁设备间传输数据外，车载 ATP 和 ATO 系统通过两个独立的以太网连接到车载通信系统，以太网的扩展设备还利用双绞线彼此连接，实现两端车载设备之间的网络通信。

车载网络包括交换机和中继器。交换机如图 2－15 所示，中继器如图 2－16 所示。

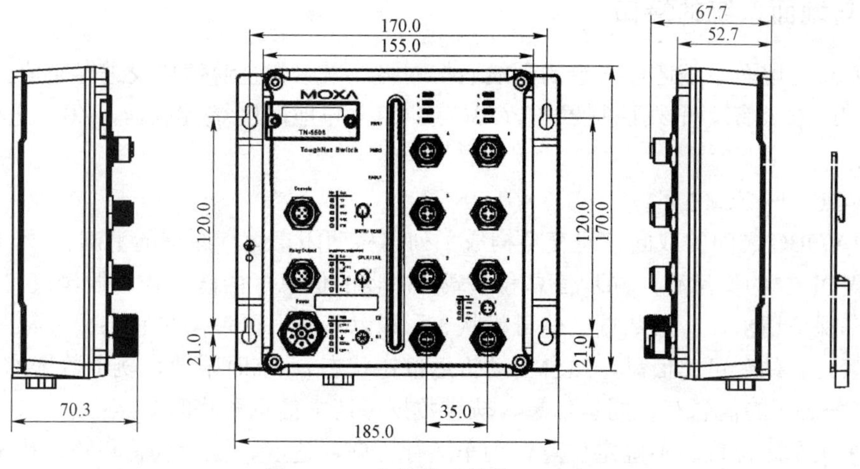

图 2－15　交换机（单位：mm）

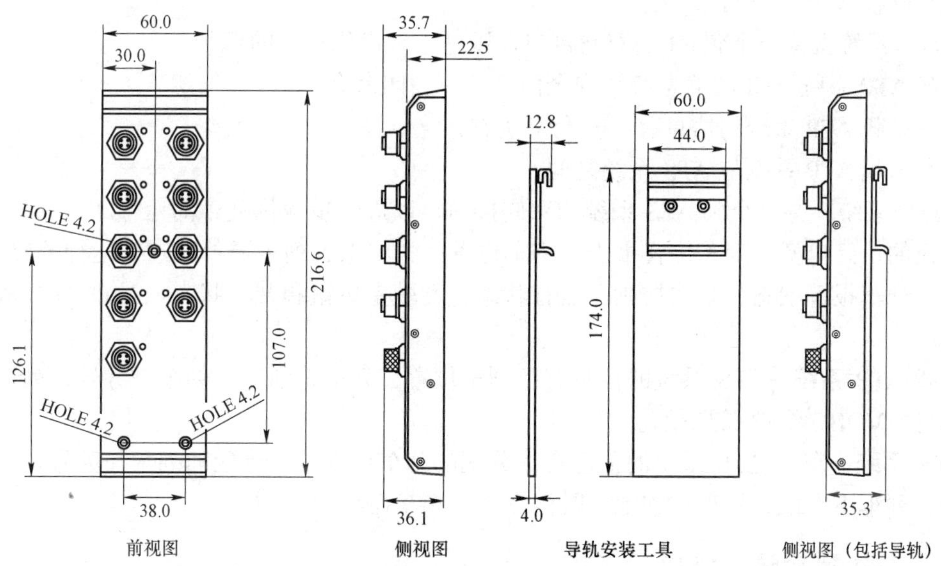

图 2－16　中继器（单位：mm）

车载网络采用独立的工业级车载交换机构建冗余的以太网（红网和蓝网），列车每端两个，全车一共四个。中继器放大以太网信号。因为 ATC 网络均为冗余，每条线路有两个中继器。有的系统，在两端车载设备之间设置贯通线，用于信息的交互。

第六节　接　　口

车载设备的接口包括与地面系统的接口和与车辆系统的接口。

一、与地面系统的接口

车载系统与地面系统通过冗余的无线通信网络，采用安全通信协议进行通信。例如：

对于 CBTC 系统，车载控制器（VOBC 或 CC）与地面区域控制器（ZC）之间有以下信息交换：

（1）VOBC 与 ZC 之间

ZC 和 VOBC 之间的双向信息交换构成了列车移动闭塞运行原理的基础。

ZC→VOBC 的信息有：同步信息和车载控制器的信息，由区域控制器授权，包括移动授权、停车保证请求、一般数据（信号机状态、道岔状态、区域防护状态、故障区域状态、控制模式禁止、站台可用信息、站台自动折返按钮状态）、临时限速、轨道数据库授权。

VOBC→ZC 的信息有：同步信息、轨道数据库请求信息和临时限速信息，包括列车位置报告（车头车尾位置、不确定位置、列车运行方向、速度、激活状态和停车状态）、列车在 CBTC 系统控制下、轨旁信号机灭灯授权、列车完整报警、列车倒溜报警、列车站台停稳、移动授权下的停车保证确认、站台安全门门控和开/关门（如有）命令。

（2）车载 ATP 系统与 CI 之间

CBTC 系统支持一个到 CI 的双向接口，以进一步优化列车的运行。

车载 ATP 系统→CI 的信息有：安全门打开、关闭命令。

CI→车载 ATP 系统的信息有：安全门状态。

（3）车载 ATP 系统与 ATS 系统之间

CBTC 系统支持一个到 ATS 系统的双向接口，以进一步优化列车的运行。

交换的信息包括：列车位置报告、列车位置丢失状态、列车调整状态（运行等级）、扣车状态、列车报警状态、车载控制器运行状态、驾驶室按钮和开关状态、ATO 模式故障和停车失准。

车载 ATP 系统→ATS 系统的信息有：列车位置、列车识别号、列车任务号、列车运营状态信息、VOBC 维护/诊断信息。

ATS 系统→车载 ATP 系统的信息有：分配的列车识别号、分配的列车任务号、列车停站时分、列车下一站、列车目的地、跳停命令、扣车命令。

二、与车辆系统的接口

根据牵引控制系统的要求，车载 ATP/ATO 控制器与牵引和制动系统的接口可采用并行或串行的方式。

1. 与车辆制动系统的接口

车载 ATP 控制器实现与车辆制动系统的可靠连接，保证对列车实施连续有效的控制。车载 ATP 系统向车辆监控设备提供控制车辆牵引及制动信号执行终端的监控接口。

车载 ATP 控制器和制动系统之间的接口需要通过列车管。车载 ATP 系统可以驱动一个带有干接点与列车管相连的继电器。此接口包括紧急制动和停车制动。

2. 与主控选择开关的接口

车载 ATP/ATO 控制器和主控选择开关之间的接口需要通过列车管。此接口包括上电模式、滑行模式、前进和后退。

3. 与车门操作系统的接口

车载 ATP/ATO 控制器提供一个到车门控制系统的接口。车门控制信号包括左车门使能、右车门使能和车门状态（开启或关闭）。车载 ATC 系统采集车门状态。

4. 与车辆通信系统的接口

车载 ATP 控制器和车辆通信系统的接口使用了一个半双工的串行通信连接，提供车站报告信息。

5. 与车上乘客向导系统的接口

车载 ATP 控制器向车上乘客向导系统提供有关行车的信息，用于显示和广播。

第七节　人 机 界 面

车载 ATC 系统提供人机界面（MMI），每个司机室配备一台，通过冗余车载网络进行通信。供司机监控 ATP 系统和 ATO 系统。

驾驶室内的 MMI 显示器安装在控制台上，靠近控制面板。司机应无障碍地观察到 MMI 显示器。该 MMI 显示器不应暴露在太阳辐射的地方。安装 MMI 显示器的开口不应挡住触摸屏的表面。MMI 显示器后面的接口应便于整备和维修。

MMI 显示器与车载控制器相接，给出以下显示（对司机的信息显示）：最大允许速度、当前运行速度、到站距离、列车运行模式、停站时间倒计时、系统出错信息等。配有开关和按钮供司机操作，司机输入信息有：司机编号、列车运行模式，以及其他开关、按钮的输入。

MMI 的具体显示，各种系统可能不尽相同，现以 iCMTC 型 CBTC 系统的 MMI 为例进行介绍：

一、屏幕布置

司机显示单元（DMI）屏幕布局示意图如图 2－17 所示。图 2－17（a）为屏幕布局示意图，图 2－17（b）为实际屏幕。

<table>
<tr><td>A1</td><td colspan="2">K1</td><td>K2</td><td colspan="2">K3</td><td>T1</td><td>T2</td><td>T3</td></tr>
<tr><td rowspan="5">A2</td><td colspan="5" rowspan="5">B</td><td>D</td><td>N</td><td>T4</td></tr>
<tr><td></td><td>M1</td><td>M2</td></tr>
<tr><td></td><td>M3</td><td>M4</td></tr>
<tr><td></td><td>M5</td><td>M6</td></tr>
<tr><td></td><td>M7</td><td>M8</td></tr>
<tr><td colspan="2">C1</td><td>C2</td><td>C3</td><td>C4</td><td>C5</td><td colspan="2">M9</td><td>M10</td></tr>
<tr><td colspan="6">E</td><td colspan="3">F</td></tr>
<tr><td colspan="2">G1</td><td colspan="4">G2</td><td colspan="3">G3</td></tr>
</table>

(a)

(b)

图 2－17　DMI 屏幕布局

DMI 屏幕布局分为多个区域，各显示有关信息。其中：

A1、A2——目标信息；

B——速度控制显示区域；

C1～C5——辅助运行信息区域；

K1～K3——下一站、终点站和发车倒计时；

N——发车时间显示信息；

M1～M10——运行模式和状态信息区域；

G1——生命指示；

G2——当前时间信息；

G3——软件版本号；

E——监控信息显示区域；

F——确认信息区域；

T1～T3——列车信息；

T4——菜单区域。

二、显示意义

1. ATC 制动信息

区域 A1 显示 ATC 制动信息，如图 2－18 所示。

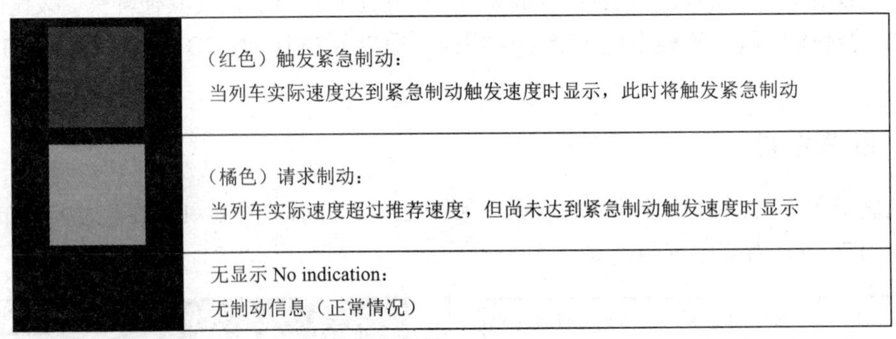

图 2－18　ATC 制动信息

2. 目标速度和目标距离信息

区域 A2 显示目标速度和目标距离信息。目标速度和目标距离信息只可能在 ATP 与 ATO 模式下显示，如图 2－19 所示。数字值表示目标点的速度，如果目标点为限制信号时，目标速度可能为 0。条形图表示到目标点的距离。

3. 速度控制显示

区域 B 显示列车运行的速度信息。在速度表上将以不同颜色的指针显示实际速度、推荐速度和紧急制动触发速度，如图 2－20 所示。

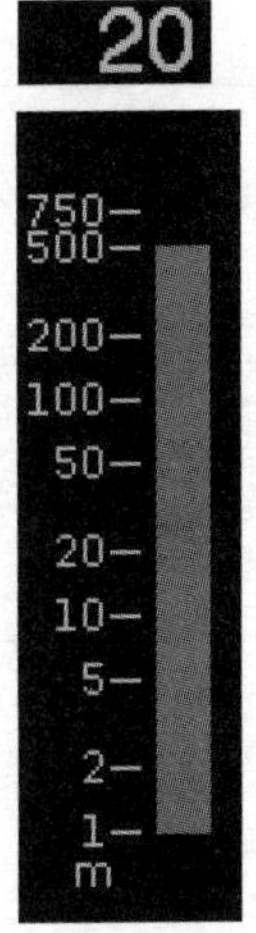

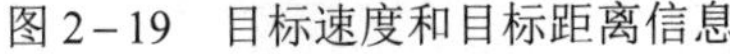
图 2－19 目标速度和目标距离信息

图 2－20 速度控制显示

列车运行的实际速度，在速度表上以指针和数字的形式显示；

推荐速度，在速度表上以黄色三角▲显示；

紧急制动触发速度，在速度表上以红色三角▲显示。

（1）速度表刻度

速度表刻度根据不同项目会有不同的配置（如从 0 km/h 到 120 km/h）。刻度的颜色与指针颜色相同，刻度上有速度单位显示（km/h）。速度表刻度可能是全显示，或者部分显示。当为部分显示时，可以显示 ATC 系统给出的最大速度。在最大速度处有一个刻度（如 10 km/h）。

在 RM 模式下为部分显示的最大速度为司机须遵循的最大速度。在其他情况下，速度表刻度为全显示。

（2）列车速度

列车速度有以下两种形式显示。

① 模拟表示：

速度表指针的指向代表列车速度。模拟速度指针的颜色取决于区域 A1 的颜色，可能为：正常情况为灰色；告警情况下为橘黄色；系统干预时为红色。

② 数字表示：

列车速度在速度表中心显示，数字表示的颜色为背景色。

如果 ATC 系统不能提供有效的速度，数字表示为“－－“，且指向最小速度值（低于 0 速度处）。

无论列车的运行方向如何，显示的速度都为正数。如列车以 3 km/h 前进或后退，显示的速度均为 3 km/h。

黄色三角代表的推荐速度是司机应该遵守的速度。列车速度可以稍许超过此速度且不会触发紧急制动。

在 ATO 模式下，推荐速度将不显示。

4. 车辆牵引制动信息

区域 C1 显示车辆牵引制动信息，如图 2－21 所示。

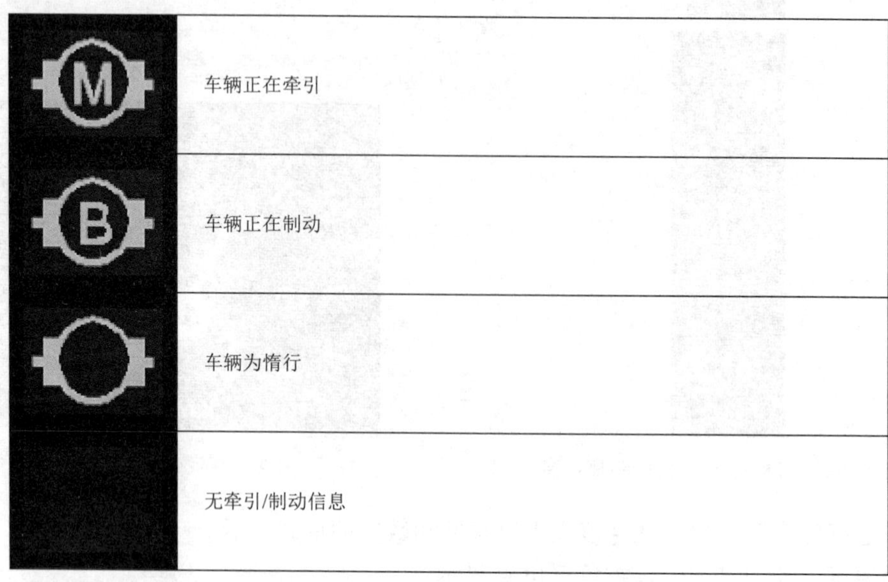

图 2-21　车辆牵引制动信息显示

5. 最大可用运行模式信息

区域 C2 显示最大可用运行模式信息，如图 2-22 所示。

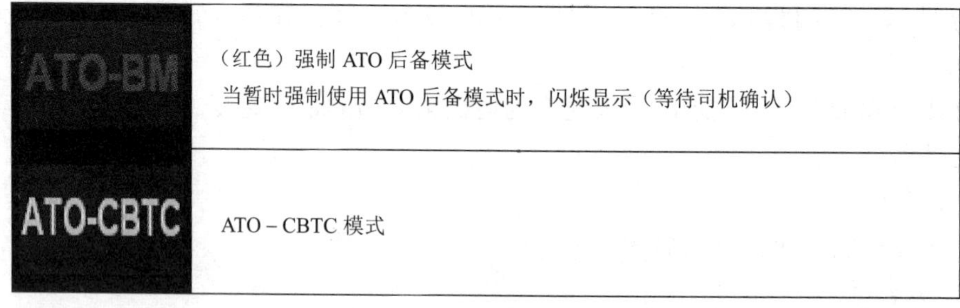

图 2-22　最大可用运行模式信息显示

6. 列车完整性信息

区域 C3 显示列车完整性信息，如图 2-23 所示。

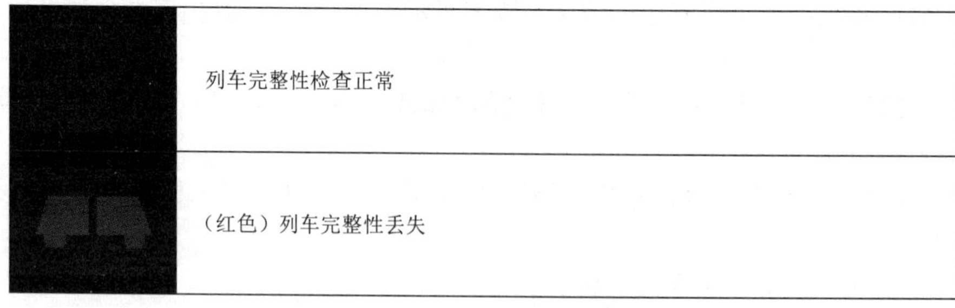

图 2-23　列车完整性信息显示

7. RM 授权提示

区域 C4 显示 RM 授权提示，如图 2－24 所示。

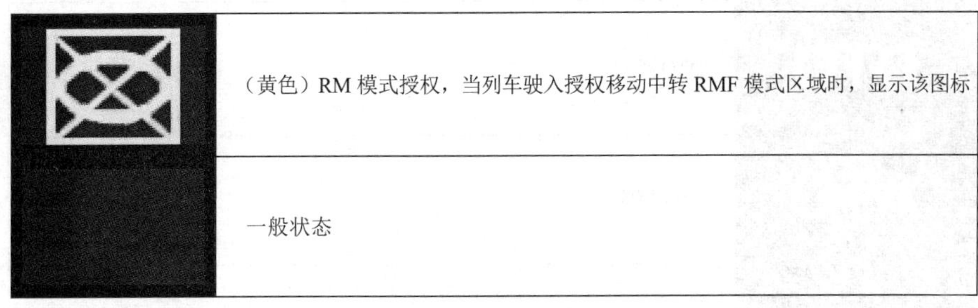

图 2－24　RM 授权提示显示

8. CC 设备状态

区域 C5 显示 CC 设备状态，如图 2－25 所示。

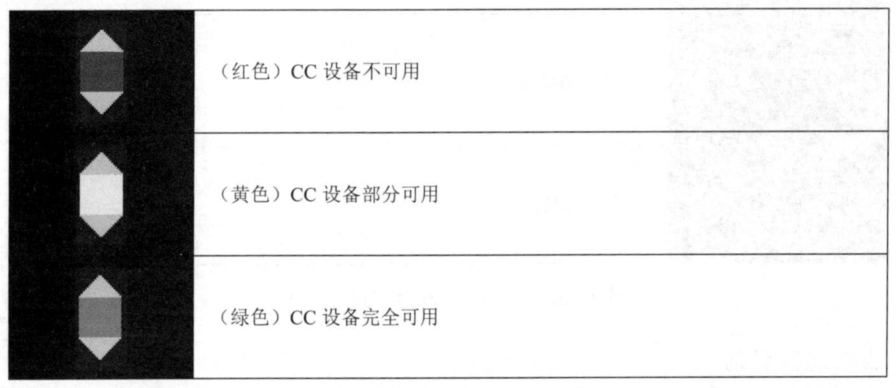

图 2－25　CC 设备状态显示

9. 下一站、终点站、停站时间显示

区域 K1、K2 和 K3 分别显示下一站、终点站、停站时间，如图 2－26 所示。

10. 发车时间

区域 N 显示发车时间，如图 2－27 所示。

图 2－26　下一站、终点站、停站时间显示

图 2－27　发车时间显示

以下情况不显示：

① 离站时间未知（扣车或没有收到 ATS 发车命令）；

② 列车没有正确停站；

③ 在离站前须先换头；

④ 在后备模式下。

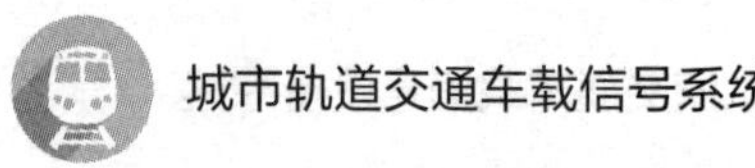

11. 当前选择的运行模式

区域 M1 显示当前选择的运行模式，如图 2-28 所示。

DTO	DTO 模式
ATO	ATO 模式
ATPM	ATPM 模式
RM	RMF 或 RMR 模式
ATCBY	（红色）ATC 切除
	其他（无模式）

图 2-28　当前选择的运行模式显示

12. 当前运营级别

区域 M2 显示当前运营级别，如图 2-29 所示。

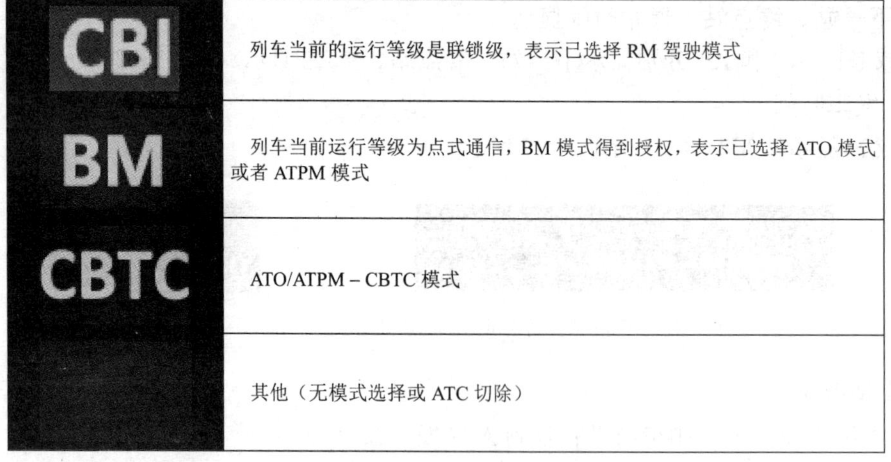

CBI	列车当前的运行等级是联锁级，表示已选择 RM 驾驶模式
BM	列车当前运行等级为点式通信，BM 模式得到授权，表示已选择 ATO 模式或者 ATPM 模式
CBTC	ATO/ATPM - CBTC 模式
	其他（无模式选择或 ATC 切除）

图 2-29　当前运营级别显示

13. 列车停站

区域 M4 显示列车停站情况，如图 2－30 所示。

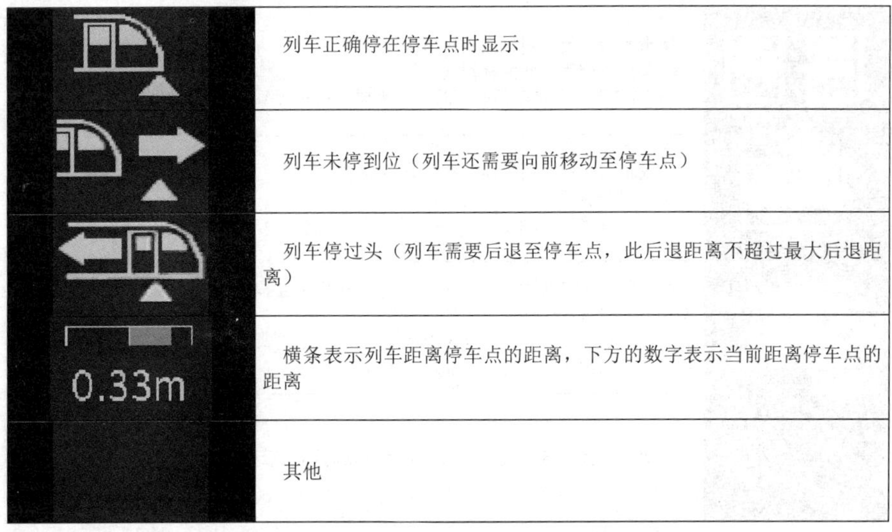

	列车正确停在停车点时显示
	列车未停到位（列车还需要向前移动至停车点）
	列车停过头（列车需要后退至停车点，此后退距离不超过最大后退距离）
0.33m	横条表示列车距离停车点的距离，下方的数字表示当前距离停车点的距离
	其他

图 2－30 列车停站情况显示

当列车为停准时，同时在过停或欠停标记下给出欠停或过停的数字显示。

此图标在 RMR 模式、ATPM 模式和 ATO 模式时显示，在 RMF 模式时不显示，且此图标在需要停车的停车点才会显示（站台、折返轨、侧线）。

如果列车未包含表 2－29 所列情况（越过停车点很长距离，或者在停车点前很远就停车），将不显示此图标。

14. 车门状态

区域 M5 显示车门状态，如图 2－31 所示。

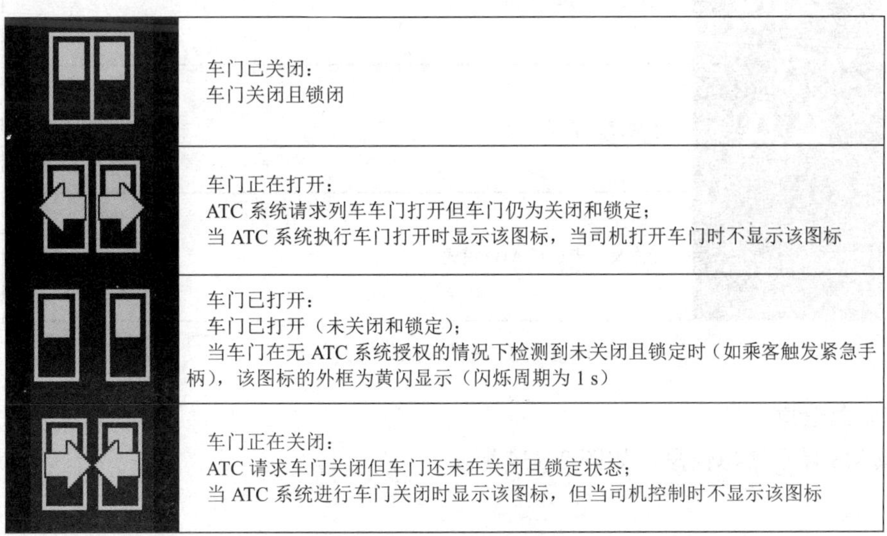

	车门已关闭： 车门关闭且锁闭
	车门正在打开： ATC 系统请求列车车门打开但车门仍为关闭和锁定； 当 ATC 系统执行车门打开时显示该图标，当司机打开车门时不显示该图标
	车门已打开： 车门已打开（未关闭和锁定）； 当车门在无 ATC 系统授权的情况下检测到未关闭且锁定时（如乘客触发紧急手柄），该图标的外框为黄闪显示（闪烁周期为 1 s）
	车门正在关闭： ATC 请求车门关闭但车门还未在关闭且锁定状态； 当 ATC 系统进行车门关闭时显示该图标，但当司机控制时不显示该图标

图 2－31 车门状态显示

15. 列车离站信息

区域 M6 显示列车离站信息，如图 2－32 所示。

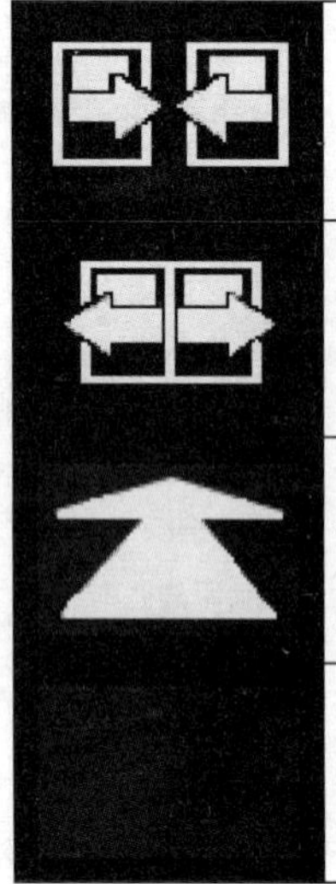

图标	说明
	请求车门关闭（司机需要按压关门按钮）： 当车门关闭后，此图标消失； 当 ATC 系统负责车门关闭时（不需要司机执行），不显示此图标
	请求车门开启（司机需要按压开门按钮）： 当车门开启后，此图标消失； 当 ATC 系统负责车门开启时（不需要司机执行），不显示此图标
	ATC 请求列车离站：在 ATO 模式下，司机需要按压 ATO 发车按钮；在 ATPM 模式下，司机需要推牵引手柄 当在站台上，驾驶模式为 ATPM 模式或 ATO 模式或 DTO 模式，且离站时间已知，车门已锁闭的情况下，显示该图标
	其他，选择后备模式（当选择 BM 模式时不显示离站信息）

图 2－32　列车离站信息显示

16. 车门控制模式

区域 M7 显示车门控制模式，如图 2－33 所示。

图标	说明
MM	手动打开/手动关闭
AM	自动打开/手动关闭
AA	自动打开/自动关闭
	无意义（未选择 ATO 模式）

图 2－33　车门控制模式显示

17. 紧急信息

区域 M8 显示紧急信息，如图 2－34 所示。

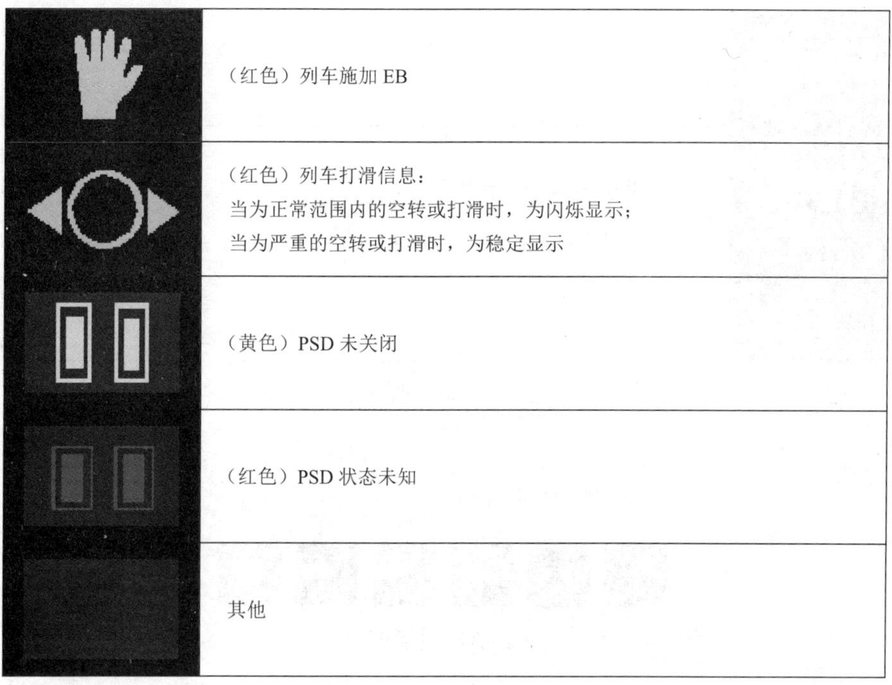

	（红色）列车施加 EB
	（红色）列车打滑信息： 当为正常范围内的空转或打滑时，为闪烁显示； 当为严重的空转或打滑时，为稳定显示
	（黄色）PSD 未关闭
	（红色）PSD 状态未知
	其他

图 2－34　紧急信息显示

18. 故障信息

区域 M9 显示故障信息，如图 2－35 所示。

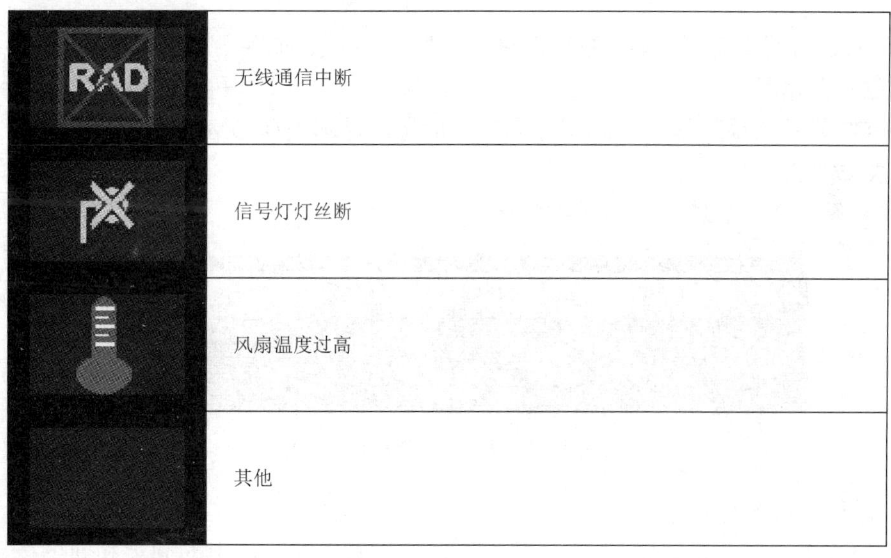

RAD	无线通信中断
	信号灯灯丝断
	风扇温度过高
	其他

图 2－35　故障信息显示

19. 特殊信息

区域 M10 显示特殊信息，如图 2－36 所示。

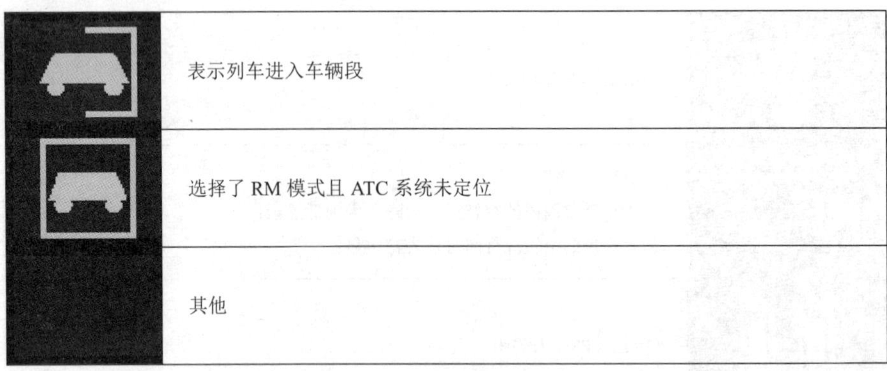

图标	说明
	表示列车进入车辆段
	选择了 RM 模式且 ATC 系统未定位
	其他

图 2－36　特殊信息显示

20. 生命显示

区域 G1 为生命显示，如图 2－37 所示。

图 2－37　生命显示

此图标是不断变化的。每次 DMI 接收到新的显示框时图标会变化。那个区域说明屏幕上的已更新。

21. 当前日期和时间

区域 G2 显示当前日期和时间。此图标为文本信息，为浅灰色，形式如：2018/02/22 22:22:22。

如果 ATC 时间没有同步时，数字值将会被“－”替代。如“－－－－/－－/－－ －－：－－：－－”。

22. 软件版本号

区域 G3 显示软件版本号，此图标为文本信息，显示当前 DMI 软件的版本号。

23. 文本消息

区域 E 显示文本消息，如图 2－38 所示。

图 2－38　文本消息显示

（1）低优先级消息

低优先级消息显示在区域 E 内。司机可以通过触摸显示屏上的向上和向下按钮来查看消息框中的消息。最新的消息显示在该区域的最上面，最旧的消息显示在该区域的最下面。

每个低优先级的消息均标明时间。时间显示在文本的前面。

当新消息出现时，该列表自动滚动到开头，在第一行显示最新的消息。在此区域的左上角会有一个图标显示 DMI_new_msg_delay 秒，标明此行是最新消息。

当显示一个高优先级消息时，该信息自动插入到文本信息的清单内。当这种情况发生时，不显示有新信息的指示。文本消息和指示图标为浅灰色。文本行的边界处带有浅灰色的框。

（2）高优先级文本消息

高优先级文本消息显示在区域 E 内。当一个高优先级消息显示时，将会覆盖该区域的低优先级消息，如图 2－39 所示。

图 2－39　高优先级消息覆盖低优先级消息

高优先级消息显示 DMI_hi_msg_delay 秒。

高优先级消息会自动插入到低优先级文本清单内，这些消息将在低优先级消息清单中显示。

文本如表 2－1 所列。

表 2－1　文本

报警号	报警内容	报警号	报警内容
100	MCS 模式可用	123	列车完整性丢失
101	设置 DMS 至人工位置	124	EB：NUDE
102	AMC 模式可用	125	EB：退行
110	EB：列车门未关闭	130	ATC 初始化测试通过
111	EB：站台门未关闭	131	ATC 初始化测试未通过
112	EB：禁止发车	132	组合测试进行中
113	EB：超速	133	组合测试 2 启动
114	EB：进入紧急停车区域（ESA）	134	组合测试 3 启动
115	EB：严重错误	135	组合测试 4 启动
116	EB：未获得安全停止	136	组合测试 5 启动
117	EB：信号越界	137	组合测试 6 启动
118	EB：回溜	138	组合测试 7 启动
119	EB：EB 测试	139	组合测试 8 启动
120	EB：行驶时无驾驶模式	200	强制后备模式确认
121	重新初始化条件验证	201	强制 RM 模式确认
122	ATC 车载诊断复位警告	202	RM 模式退出确认

24. 确认状态信息

区域 F 显示确认状态信息，待确认消息显示在区域 F 中，周围带有黄色边框。

显示强制选择 BM 的确认框，如图 2－40（a）所示。显示强制选择 RM 的确认框，如图 2－40（b）所示。

（a）

（b）

图 2－40　确认状态信息显示

25. 服务号

区域 T1 显示服务号。此文本格式为字母“T”后面加数字（最大 4 位）。此信息是 ATS 系统提供的“服务号”数据。

26. 目的地

区域 T2 显示目的地。目的地由字母“D”后面加数字组成，最多加 3 个。

27. 工号按钮

区域 T3 显示工号按钮。此按钮上的文本格式为字母“C”后面加数字，数字为 1～999。此信息为 ATS 系统提供的“工号”信息。当选择该按钮（触摸屏）后，将打开 CREW－ID 对话框。CREW－ID 对话框用于驾驶，此对话框允许司机输入工号，对话框包括：一个显示编辑的区域；一个数字键盘，用来输入数字；一个确认按钮，用来确认输入的数字并关闭对话框；一个取消按钮，用来取消输入的数字并关闭对话框。司机在驾驶列车时必须输入工号。因此，工号按钮仅在位于前端司机室的 DMI 上可用。

语言选择
设备调节
报警测试
清理界面
DMI状态
重启DMI

图 2－41　菜单

28. 菜单按钮

区域 T4 显示菜单按钮。当选择菜单按钮时，会打开菜单。菜单可以允许用户执行维护活动（语言选择、报警测试、DMI 状态、重启 DMI 等），如图 2－41 所示。当选择了菜单选项后，在主菜单的区域将打开一个下级菜单。

此菜单用于维护。当驾驶列车时司机不应打开菜单。因此，菜单按钮仅用于非激活司机室，或是不处于 MCS/AMC 模式下的激活司机室。菜单按钮在其他的情况下是不可用的（DMI 为激活司机室，驾驶模式为 MCS、AMC）。

第八节　全自动无人驾驶

1. 自动运行等级

根据自动运行的程度，城市轨道交通的自动运行等级（GOA）一般可分为以下几个等级：

GOA1a，不连续监督下的人工驾驶运行，列车运行控制系统在特定的位置上监督列车速度，为点式控制方式。

GOA1b，连续监督下的人工驾驶运行，列车运行控制系统连续地监督列车速度，为 ATP 模式。

GOA2，半自动运行，装有 ATO 系统的人工驾驶运行，又称为 ATO 模式。

GOA3，无司机运行，列车上不再安排专职司机，司机被 ATO 系统功能所取代，仅安排乘务人员以应对突发事件。

GOA4，无人监督运行，列车上不安排任何工作人员。

2. 自动运行模式

自动运行模式（AM）分为有人驾驶的自动化运行（STO）模式，无人驾驶、有人跟车的自动化运行（DTO）模式、全自动无人驾驶（UTO）模式。

STO 模式，列车发车由司机确认起动，列车牵引、制动、停车、开关车门由信号系统自动实现。

UTO 模式，整个运营过程都无人参与，包括在段内运行、洗车、列车运营、列车内空调、PIS、照明等都无人操作。列车不再需要司机，而只是以乘务员的角色服务乘客，以及进行系统故障的应急处理。

两者的主要区别是：在 STO 模式下，当 ATO 模块收到发车指令，HMI 上显示提示信息，通知司机按压 ATO 按钮；而在 UTO 模式下，无须司机干预。

UTO 的特点是，原来由司机进行的操作全部通过控制中心（OCC）自动进行，这就需要信号系统具有高冗余、高可靠、高功能性能，综合监控系统具有高可靠、实时传输的性能，列车网络功能、诊断性更强。

3. 全自动无人驾驶的功能及实现

（1）驾驶控制功能

UTO 完全由信号系统根据运行图控制列车运行。OCC 控制车载 ATO 设备，通过多功能车辆总线（MVB）传输到列车控制和管理系统（TCMS）、逆变器控制单元（ICU）、制动控制单元（BCU）。

UTO 可实现列车自动折返。此时，列车根据信号系统的移动授权自动确定运行方向，同时自动激活/关闭相应侧面驾驶台，实现驾驶室转换，不会造成数据丢失（如车门状态/控制数据，制动、牵引状态及控制数据等）和系统误判。

（2）唤醒功能

每天运营前或有列车插入时，信号系统根据列车运行图给每列列车自动分配识别号，两端驾驶室都选择自动模式。列车发车前 OCC 自动向列车发送唤醒指令，列车收到该指令后车载各系统执行启动、自检和静态测试等程序。各系统进行静态自检，TCMS 汇总各系统的自检情况、列车唤醒工况等信息，发送给信号系统和 OCC。如唤醒成功，列车可随时投入运营，等待信号系统发送发车指令。若唤醒不成功，行车调度员根据列车的相应故障信息进行人工干预。在任何时候，行车调度员均可远程唤醒列车。

（3）休眠功能

列车运营结束后入段停放，列车停稳后，为节省能源，UTO 对列车自动启动休眠程序。在休眠前，ATO 系统给地面列车维护系统发送是否下载列车维护信息的指令。在一定时间内，列车关闭车载系统，进入休眠状态。休眠后 ATO 系统的唤醒模块一直有电。

（4）车门、安全门控制功能

除车门联动、开关门控制外，还具备系统故障应对功能。若个别 PSD 故障，须人工将故障 PSD 关闭并锁定，PSD 向信号系统报告锁定 PSD 的位置（站台号和门编号）。在列车到达前，信号系统将故障 PSD 位置信息发送给列车，列车自动对对应车门进行电气隔离，使此车门不参与开关门动作，同时向乘客广播。

（5）停车控制功能

雨天或轮缘有油会导致停站距离加大或不准，此时 ATO 系统重新调整停车，采用缓慢跳跃式调整直到停车点。若列车越过了 PSD 区域，也可退行调整。若列车越过站台 5 m 或超过给定次数的调整后仍未停准，则列车自动启动越过本车站行驶至下一车站，并自动告警至 OCC，同时通过车载 PIS 向乘客广播。

（6）后备蠕动功能

如 ATS 系统发送的牵引/制动指令故障或丢失，行车调度员确认故障并远程启动以不超过 20 km/h 的速度运行，此时，ATP 系统进行监督，进入车站并停稳后，司机上车人工驾驶对位停车。

此外，还具备广播、视频、故障数据传输、火灾报警、障碍物检测等功能。

复习思考题

1. 简述车载信号设备的组成及各部分的作用。
2. 车载信号设备具备哪些主要功能？
3. 测速设备有哪几种？
4. 测速传感器有哪些种类？简述它们的工作原理。
5. 为什么要用两个测速传感器？
6. 有两个测速传感器了，为什么还要测速雷达？简述雷达的测速原理。
7. 如何进行测距？
8. 如何进行轮径校正？
9. 车地通信有哪几种？各用在什么场合？
10. 如何与轨道电路进行通信？
11. 为什么要采用环线通信？如何进行？
12. 感应通信用在什么场合？如何进行？
13. 无线通信有哪几种？各如何进行？
14. 如何进行应答器通信？

15. 车内通信有何作用?
16. 车载信号设备与地面系统有哪些接口?
17. 车载信号设备与车辆系统有哪些接口?
18. 人机界面有何作用?举例说明?
19. 自动驾驶模式有哪几种?它们的主要区别是什么?
20. 全自动无人驾驶有哪些特有功能?如何实现?

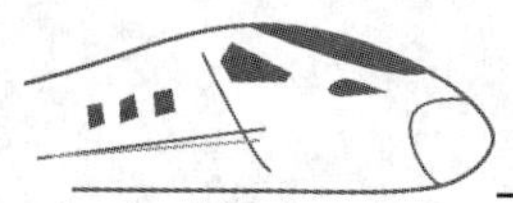

第三章

基于轨道电路的 ATC 系统的车载设备

第一节 西门子 ATC 系统的车载设备

一、系统构成

西门子 ATC 系统的框图如图 3-1 所示。

ATP 设备包括：轨旁设备、车载设备和同步环线（SYN）。

ATO 设备包括：轨旁设备、车载设备和车地通信环线（PTI 环线）。

ATS 设备包括：系统管理服务器（ADM）、通信服务器（COM）、人机界面（MMI）、打印服务器、打印机、维护操作台（SO）、过程耦合单元（PCU）、模拟表示盘、演示系统（DS）、时刻表编辑器（TTE）、局域网（LAN）、不间断电源（UPS）、局部控制盘（LCP）、乘客向导系统（PIS）、列车到达时刻显示器（ATI）、列车发车时刻显示器（DTI）等。

西门子 ATC 系统按系统功能可划分为四个层次。

（1）操作层（中央层）

分布在控制中心及正线各个设备集中站的车站控制室、车辆段信号楼控制室。由控制中心的计算机 VICOS OC 501 实现全线运营的集中监控与管理。由设备集中站车站控制室的计算机 VICOS OC 101 执行本地控制功能。

（2）轨旁层（车站层）

分布在沿线的轨旁层由 SICAS 和 LZB 700M 系统组成，它们执行全部的联锁和轨旁 ATP 功能。

正线区段室内的联锁设备和接口单元、LZB 700M 系统的 ATP/ATO 室内设备、轨道电路室内设备、ATS 车站设备（含与乘客向导牌、发车计时器及应急盘的接口）、室内终端架、电源设备等主要设置于联锁区设备集中站信号设备室和电源室，它们执行全部联锁和轨旁 ATP/ATO 功能。在站控室，放置操作工作站（LOW）。

非设备集中站的现场设备由设于本站信号设备室内的接口及驱动设备控制，这些接口及驱动设备由相应设备集中站监控，此外，设备室内还将设置终端架、电源设备。

全线分若干个联锁区域，设备分别设于各个设备集中站，每个设备集中站管辖 1～3 个车站。

主要名称代号对照表

代号	名　称	代号	名　称
ADM	系统管理服务器	LCP	局部控制盘
ATC	列车自动控制	LOW	操作工作站
ATO	列车自动运行	MMI	人机界面
ATP	列车自动防护	MUX	多路转换器
ATS	列车自动监控	PIS	乘客向导系统
BAS	环境与设备监控系统	PTI	列车识别
COM	通信服务器	RTU	车站远程终端单元
DSTT	接口控制模块	PSCADA	电力监控系统
DTI	发车时刻显示器	SIC	车站接口盒
ESP	紧急关闭按钮	SICAS	西门子计算机辅助信号系统
FAS	火灾自动报警系统	SIC	同步环线盒
FTGS	轨道空闲检测系统	STEKOP	现场接口计算机

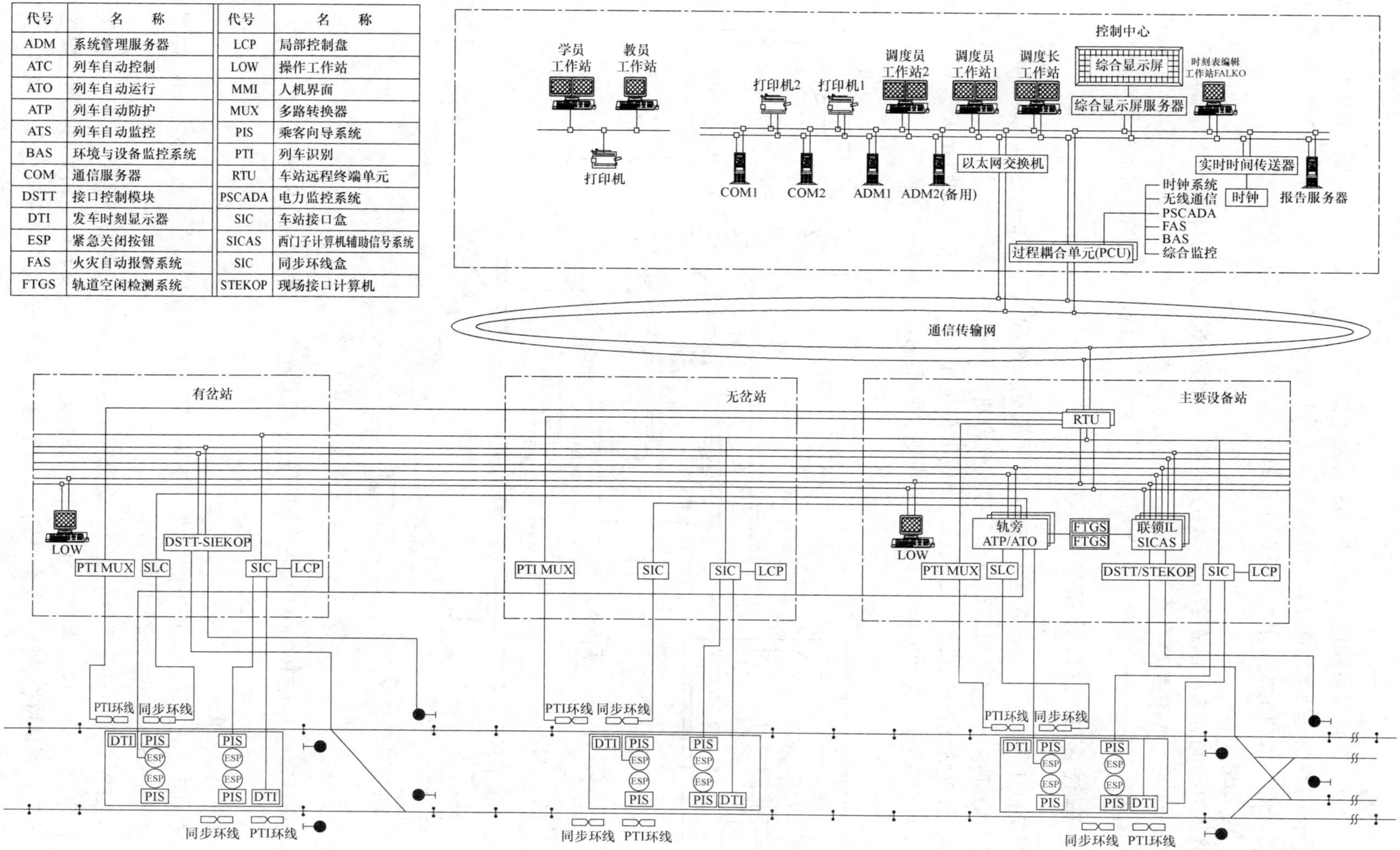

图 3－1　西门子 ATC 系统的框图

（3）轨道层

轨道层包括转辙设备和信号机、FTGS 轨道电路、PTI 环线及站台精确停车环线，实现进路的防护与控制、列车检测，以及车地之间的信息传输、列车位置识别。列车运行监督由在控制区间起始处和全线各个车站的列车位置识别（PTI）系统来实现。

（4）车载层

包括 LZB 700M 系统的车载 ATP/ATO 设备，实现列车自动防护和自动运行功能。

轨旁（室内）ATP/ATO 计算机设备、计算机联锁设备采用三取二结构，车载 ATP/ATO 设备采用二取二结构，符合故障—安全原则，并提高了系统的安全性、可靠性和可用性。

二、车载 ATP/ATO 设备

LZB 700M 系统的轨旁设备通过钢轨连续不断地向车载 ATP 设备传送列车运行指令，供车载 ATP/ATO 单元共享使用。车载设备接收来自轨旁设备的数据。

车载 ATP/ATO 设备如图 3-2 所示，一般由车载 ATP 单元、车载 ATO 单元、天线（每个司机室两个）、速度脉冲发生器、MMI 显示器、控制部件和服务/自诊断等设备组成。

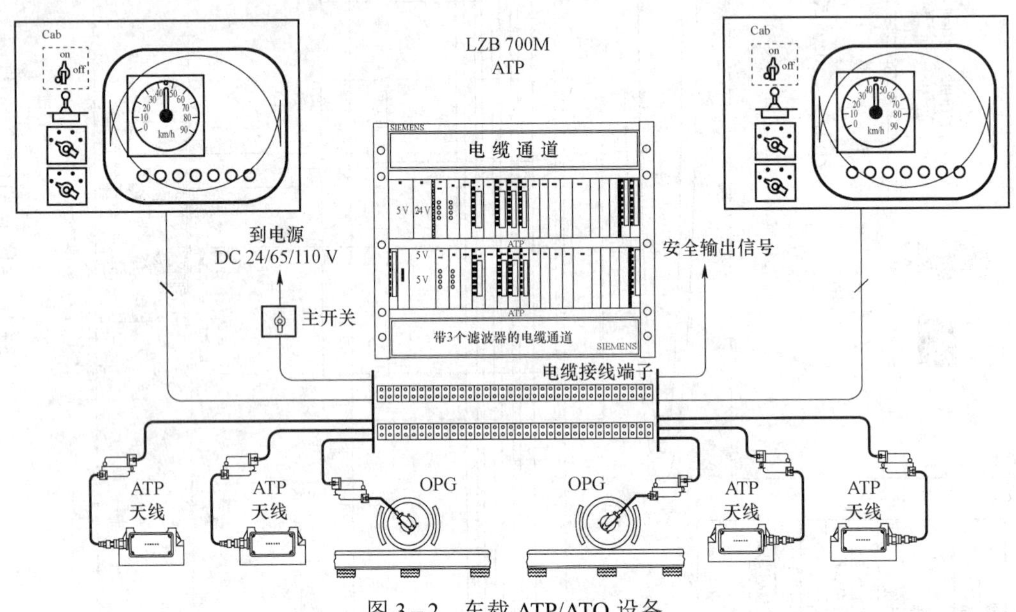

图 3-2　车载 ATP/ATO 设备

两个司机室中的 LZB 700M 设备之间用数据通道连接。列车每端有两套天线和一套人机接口。

1. 车载 ATP 单元

车载 ATP 单元安装在司机室的后边，它和车载 ATO 单元安装在同一个机柜内，标准机柜尺寸为 600 mm × 1 200 mm × 400 mm。

车载 ATP 单元用来保证列车安全，检查列车运行与限制条件的一致性。列车超速运行将引起车载 ATP 单元执行紧急制动，并使列车停稳。这些与安全密切相关的控制，要求车载 ATP 单元必须是符合故障—安全原则的。由于这个原因，车载 ATP 单元使用 SIMIS-3116

硬件，为二取二配置。在 SIMIS 计算机中运行的 ATP 功能应用软件，被写在 PASCAL 上，在西门子 COSPAS 实时操作系统下运行。

2. 车载 ATO 单元

ATO 系统是在 ATP 系统监督下运行的非安全系统，完成列车自动运行、列车速度调整、列车目标制动、车门控制。

当车载设备在 SM 模式下，列车已经满足离站所需条件，且列车牵引和制动控制手柄已放置零位时，司机可以实施自动运行。ATO 系统能够计算出列车至下一站运营停车点的距离轨迹，同时对速度距离曲线进行优化。采用综合控制加速、巡航速度及惰行起点的办法，对列车在区间运行进行控制。列车接近车站时，ATO 系统借助于车站内列车定位系统（SYN 环线），对列车实施制动，并保证列车停车精度控制在误差不超过±1 m 的范围内。列车在区间运行及到站停车期间，限制速度曲线由 ATP 系统监督。

为完成 ATS 系统的列车自动调整（ATR）功能，ATO 系统将根据计划时刻表或调整后的时刻表，控制列车的巡航/惰行运行状态，按规定的时间控制列车在站间的运行。区间运行时间的控制是以“秒”为可控精度，以此作为 ATS 系统对列车运行调整的基础之一。

ATO 系统把收集到的列车数据，传送给 PTI 系统再传送到 ATS 系统。ATS 系统使用这些信息优化列车运行。

3. 天线

ATP 天线安装在列车下部走行轨上方、最前端转向架的车轮前面，应以适当的角度与车辆运行方向一致水平地或同心地（一个高度）安装。ATC 天线中心应位于轨道中心。天线与列车第一轮轴间的距离在 0.8～1 m 范围内。钢轨与天线底缘间的距离应保持在 100～150 mm 范围内。

ATP 天线能感知通过轨道电路发出的信号。每个司机室装备有一对 ATP 天线，只有司机室在使用时 ATP 天线才被选用。一列车装备有两对天线，每对天线安装在列车的两端，在列车前部前导轴的前方。来自选用天线的信号被传到车载 ATP 单元的接收器模块。

另外，每列列车应配备一个 PTI 天线，PTI 天线安装在列车下面，在车下最前轴的前面。

4. 速度脉冲发生器

速度脉冲发生器（OPG）为 ATP 功能提供输入，用以完成所需的速度、距离和方向信息的计算。OPG 接在列车前部车辆后转向架的两个轴上。如果一个 OPG 装在前轴的左轮上，另一个应接到后轴的右轮上；反之亦然。

每个 OPG 有一个齿轮，它与车轮一起旋转。齿轮上的 16 个齿移动经过两个传感器。每个传感器有一个振荡器，产生 45.5 kHz 和 60.5 kHz 频率，具体频率由谐振电路确定。列车车轮的旋转引起两个载波周期的调制，然后传送至车载 ATP 单元进行测算。根据齿轮的旋转方向，一个载波的调制可使运算器确定车组的运行方向。

5. MMI 显示器

司机室内的 MMI 显示器安装在控制台上，靠近控制面板。司机应无障碍地观察到 MMI 显示器。该 MMI 显示器不应暴露在太阳辐射的地方。安装 MMI 显示器的开口不应挡住触摸屏的表面。MMI 显示器后面的接口应便于整备和维修。

6. 控制部件

（1）钥匙开关

使用钥匙开关，可以控制列车是否为人工驾驶。开关可切换到位置 0（关闭）、1（开启）、F（运行）和 R（折返）。在位置 1、F 和 R 时，列车都处于激活状态。

（2）牵引/制动杆

牵引/制动杆和方向杆接点之间的串行连接。当牵引/制动杆在 0 位置上，且方向杆在向前位置上，则串行连接处于闭合状态（输入信号激活）。这是转换到 ATO 驾驶模式的基本条件。

（3）紧急制动按钮

车载 ATP 单元可以读取紧急制动按钮的实际状态，紧急按钮功能可以由 ATO 继电器进行连接。

因为紧急制动要求的最大输出负荷超出了 ATP 系统的输出性能，因此输出被中继继电器放大。继电器的状态被 ATP 系统回读。

（4）车门控制按钮

ATC 系统只有在完全处于 ATO 模式下才能提供自动开/关门功能。车门将在下列条件下用静态 110 V 信号打开：轨旁 ATP 单元允许车门向正确的一侧开启；列车停在“停车窗”内的运营停车点；列车处于完全停稳状态。如果其中一个条件没有得到满足，则司机手动打开车门。

ATO 系统不提供更进一步的车门监控，比如在车门阻塞情况下的自动车门开启。

如果所有车门都被关闭并且锁住后，列车控制发出关门指示。

（5）取消车门控制按钮

使用此按钮，司机可以取消车载 ATP 单元的门控功能。

（6）ATO 启动按钮

当按下 ATO 启动按钮时，开始自动驾驶。只有在 ATP 释放 ATO 之前，才有可能转换到自动驾驶（ATO 模式）。这是由 ATO 启动按钮灯亮来表示的。把牵引/制动杆从 0 位置移开，或者把方向杆从向前位置移开，就可返回人工驾驶模式。

对于驾驶和制动控制，应提供驱动、制动、ATO 模式和模拟信号的接点。这些控制线路的释放通过 ATP 继电器实现。一旦释放，ATO 系统就激活 ATO 启动按钮中的启动灯。当司机对点亮的 ATO 启动按钮进行操作时，ATP 系统读入这一情况，并开始自动驾驶。

（7）RM 按钮

司机可以使用 RM 按钮启动限制模式。此外，如果列车在紧急制动后停稳，则必须显示操作此按钮来取消 ATC 紧急制动的反应。

（8）自动折返按钮

通过自动折返按钮，司机可进行自动折返作业。

（9）风扇控制

风扇处于被监测状态。风扇的监控数据被存储，并可通过诊断计算机读取。

（10）故障开关

启用故障开关进行故障运行。故障开关的任务是把 ATC 设备和电源断开。此功能是通过几个 ATP 模块的相互作用实现的。

故障开关必须有两个可连接到第二块SECOP板上高可用性的接点。如果ATP系统被故障开关切断，故障开关的另外两个接点可用来连接ATP紧急制动输出，也可用来连接牵引释放输出。

7. 服务/自诊断设备

ATP和ATO功能均与服务/诊断PC相接。诊断接口包括安装在车载ATP设备信号分配器上的连接器。这个接口为双向RS－232串行接口，它最大传输速率是19 200 Bd。数据以8数据位在这个接口上传送，其中一个为停止位和奇数校验。

对于车载ATP设备的运行，服务/诊断接口提供信息处理记录。它还允许安全数据（如车轮轮径和制动曲线）输入至车载ATP单元。数据可通过诊断接口传送至诊断PC，或从诊断PC输入。

安全数据输入功能可供与ATP相关的列车数据输入之用。此数据可由技术人员通过司机MMI功能和诊断PC送入，通过口令保护变得更为方便。

其他安全数据如ATP制动速率和列车长度难以在车载ATP单元中编码，不能用上述方法修正。

通过在诊断和维修时与车载ATP单元连接的诊断PC可输出：来自速度监督功能的列车数据、状态信息、处理数据、记录数据及差错信息；来自速度监督、方向监督、车门监督、紧急停车监督、外部触发的紧急制动监督、报文监督及内部运营监督功能的紧急制动。

8. 静态输出

（1）紧急制动

紧急制动输出是ATP系统最重要的功能。

（2）车门释放

为防止车门在未经授权下被打开，车门在列车行驶过程中被锁住。只有在车站内指定的停止段中，且$v=0$ km/h时，车门才能打开。

（3）ATO释放

ATO释放受到一个安全ATP输出的控制，这个输出会激活继电器，该继电器允许牵引/制动命令及模拟信号输出。由于继电器的接点未被读回，一般应认为这个输出是非安全的。

（4）ATP的安全责任

当RM按钮灯闪烁时，司机可以转换到RM模式，列车在司机监控下驾驶。

（5）牵引释放

当乘客上下的车门处于开启状态时，ATP系统提供一个安全输出量，以防止列车移动。如果允许加速，那么就输出高电平。如果在车载ATP/ATO单元上的ATP故障开关断开，那么就输出低电平。

9. 故障条件的下运行

（1）ATP的轨旁故障

ATP的轨旁故障时，要继续运行必须满足下列条件：ATC电源打开；ATP开关在ON的位置；启动前按下RM按钮。

在按下RM按钮之后，列车在ATP限制模式下运行，按钮中的指示灯点亮。

（2）丢失与轨旁ATP设备的数据连接

在满足ATC有效和ATP ON/OFF开关在ON的位置的条件下，如果车载ATP设备与轨旁 ATP 设备没有数据连接，系统将自动切换到 ATP 限制模式。在这种情况下就没有必要按下 RM 按钮。一旦轨旁 ATP 设备出现故障，线路上的列车就如同在车辆段内一样运行。

（3）车载 ATP 设备故障

在车载 ATP 设备发生故障的情况下，ATP 系统将打断驾驶命令，并启动紧急制动。

（4）定位丢失

如果 ATP 系统丢失了列车的定位，列车将启动紧急制动。司机需要按下 RM 按钮继续运行。

（5）列车超出停车窗

如果列车在车站上没有停在停车窗之内，司机可以手动打开车门。

（6）丢失所有车门关闭的指示

如果 ATP 系统没有认可所有车门都关闭，司机需要按下“允许车门”按钮，连接 ATP 系统启动的车门锁闭。

10. 车载 ATP 设备与车辆系统的接口

（1）与列车紧急制动系统的接口

数字输出 DC 110 V，低速有源制动。数字输入 DC 110 V，列车启动紧急制动。

（2）与车门操作系统的接口

数字输出 DC 110 V，右开门或左开门释放。数字输入 DC 24 V，关闭和锁闭所有车门。

（3）与主控选择开关的接口

数字输入 DC 110 V，主控选择开关的状态。

第二节　US&S ATC 系统的车载设备

一、系统组成

组成 ATC 系统的设备位于轨旁、控制中心和列车上，图 3－3 为 ATC 系统的示意图。

轨旁信号系统控制设备被安装在轨旁和指定区域的正线集中站信号设备室（SER）中。轨旁系统包括：AF－904 轨道电路和工频（PF）轨道电路、Micro LokⅡ安全联锁控制器和轨道通信控制器、非安全逻辑模拟器、列车到轨旁通信系统。

联锁集中站包括站台、轨道渡线和指示列车转线所必需的轨旁信号机。车站控制计算机（SCC）安装在车站控制室（SCR）中，车站值班员能够通过 SCC 接管控制中心对联锁的控制，由本地完成联锁操作。SCR 里的 SCC 通过局域网连接到非安全逻辑模拟器（NVLE）工作站。SCC 允许维护人员在 SCC 监视器上观察控制区域的联锁和轨道状态，允许紧急状态时或进行维护时，车站值班员在本地能够进行控制。

PF 轨道电路在道岔区段使用，主要用于列车检测。在渡线，采用 PF 轨道电路来检测列车，采用 AF－904 机车环线来向车载 ATC 系统传送 ATP 速度数据。

列车到轨旁通信系统在车站和车辆段/停车场区域对列车提供控制和排路信息，同时允许发送列车车况信息给列车和 NVLE，或者接收来自列车和 NVLE 的列车车况信息。

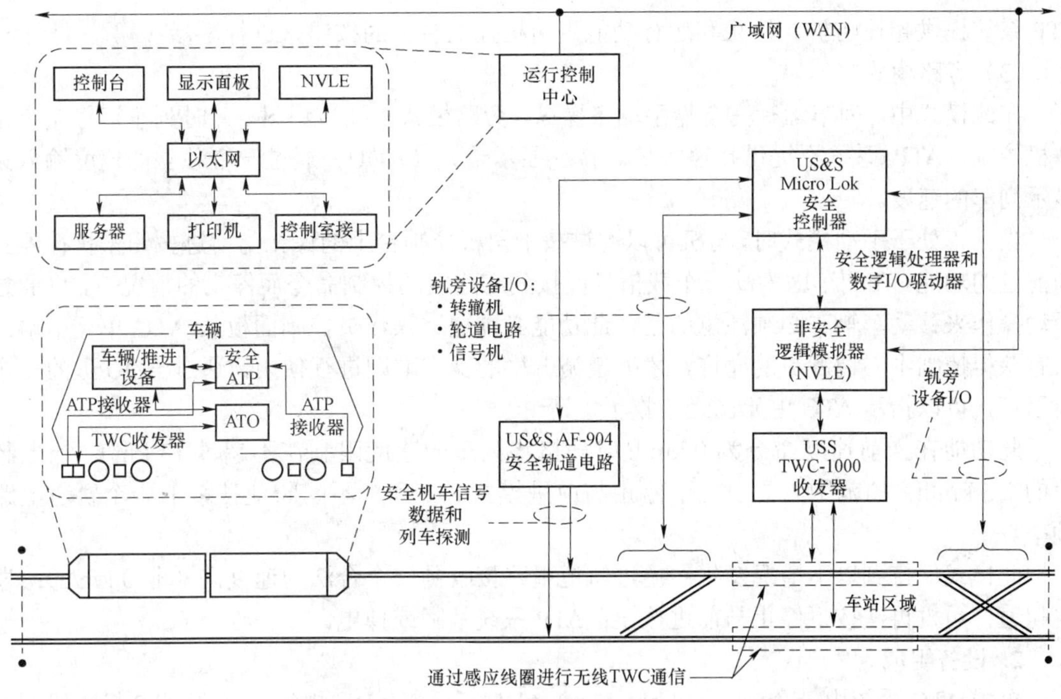

图 3－3　ATC 系统的示意图

正线和车辆段/停车场的每一个道岔都有转辙机，用来控制列车运行的方向。联锁道岔由进路联锁电路来控制，此电路包含由本地计算机终端送来的车站值班员控制指令。

控制中心 ATC 系统由服务器、工作站和局域网等组成。

控制中心和轨旁、位于车站的轨旁信号设备室（SER）之间的通信是通过广域网来实现的。

NVLE 作为本地控制面板和非安全控制器，进行与 ATS 系统之间的中央 ATS 命令与轨旁表示的收发。列车上车载设备和轨旁之间的通信通过车地通信（TWC）系统来实现。

车载 ATC 系统由 Micro Cab、特征显示单元（ADU）、ADU 电源、ATP 接收线圈和 TWC 天线组成。Micro Cab 通过接收线圈接收轨道电路送来的 ATP 命令。车载设备和轨旁之间的通信通过 TWC 系统来实现。

二、车载 ATC 系统

1. 列车运行模式

ATC 系统支持两种列车运行模式：自动模式（由操作员辅助的自动）和手动模式（ATP 系统运行下的手动）。ATC 系统也可以被旁路。

（1）自动模式（操作员辅助）

在自动模式下，列车完全自动运行在车站之间。速度调节和车站停车由 ATO 系统来执行。ATP 系统提供超速防护。车门监控由 ATP 系统来执行。启动车站发车需要司机的操作。

列车执行自动折返功能时，列车上有司机或无司机的情况下都可以自动折返。

（2）受监督的手动模式（处于 ATP 系统防护下的手动）

在手动模式下，列车在车站之间的运行是手动操作的。司机控制列车运行的所有方面。

ATP 系统提供超速防护。停止和运行功能由司机控制台上的按钮来进行激活。

（3）旁路模式

在此模式中，列车运行完全靠手动来操纵。旁路模式需要破铅封。此时列车运行完全由司机控制，ATP 系统不提供超速防护。特征显示单元（ADU）通过一个独立的速度输入来显示列车的速度。

当列车处于手动模式时，司机可以通过按下司机控制台上的停止与前进按钮来执行停止和前进的功能。在列车因为缺乏车载信号或接到零速度的控制命令而停止的情况下，可通过手动操作来移动车辆。必须注意的是，此功能必须通过操作员控制面板从 ATC 单元申请。只有获得控制中心调度员的允许，才能遵循严格的操作准则进行使用。通过 ADU 上的一个指示灯，可以指示 ATC 单元已经接收了申请。

此功能在当前速度命令为 0 km/h 时严格将列车的速度限制在不超过 13 km/h（加上超速的 2.5 km/h）的范围内。当处于停止与前进模式时，列车不间断地搜索下一个轨道电路频率。

此模式保持到以下情况发生：通过轨道电路接收到一个合法的速度码（非 0 km/h）；发生超速；司机再次按下停止与前进按钮；ATP 系统故障或掉电。

2. 设备组成

车载 ATC 系统由一个 Micro Cab，一个 ADU、一个 ADU 电源、两个 ATP 接收线圈、一个 TWC 天线组成。图 3－4 是车载 ATC 系统的示意图。

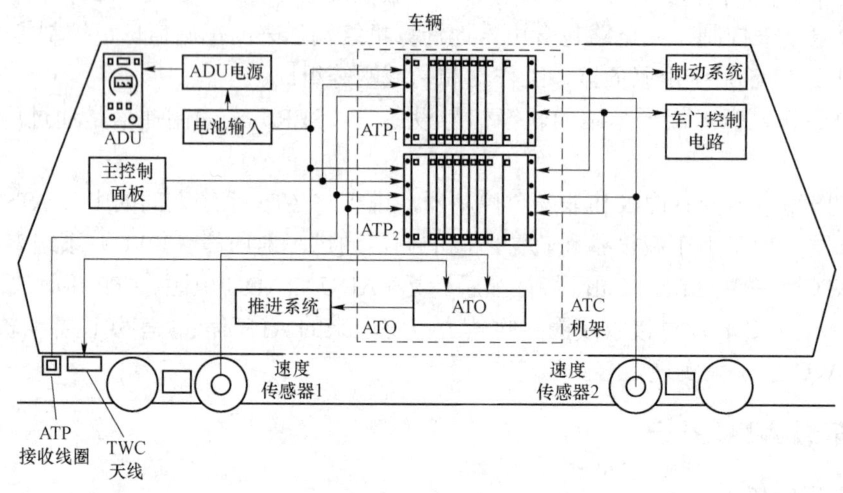

图 3－4　车载 ATC 系统的示意图

还有其他车辆系统，比如 ATC 系统的车辆通信系统（VCS）和车辆报告系统（VAS）接口，它们提供传递到控制中心的关于车辆的信息。

每一列车上所安装的 Micro Cab 设备可以被简单地描述为两个独立的功能性系统：ATP 系统和 ATO 系统，它们共享安装空间、供电和串行接口。在车辆运行过程中，ATP 系统和 ATO 系统同时执行各自的功能，必要时进行数据交换。车载 ATC 系统各子系统之间的关系如图 3－5 所示。

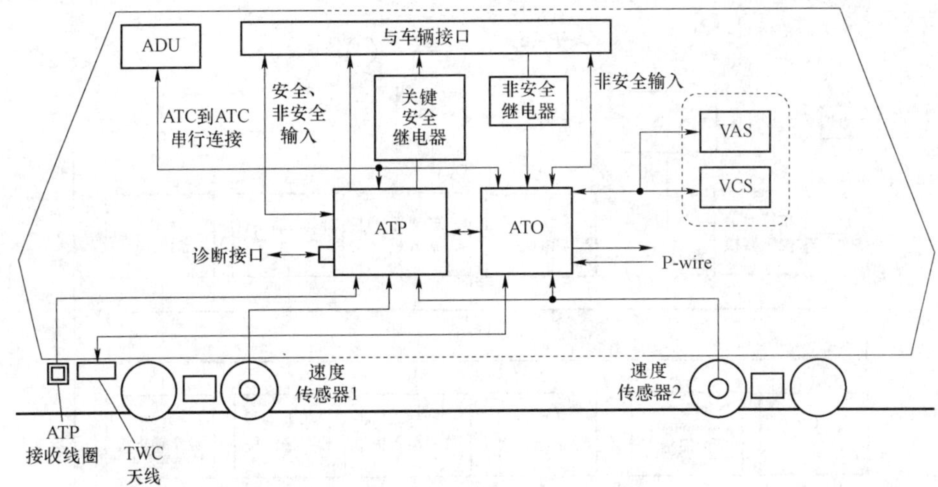

图 3－5　车载 ATC 系统各子系统之间的关系

在车辆运行过程中，ATP 系统和 ATO 系统同时执行各自的功能，必要时进行数据交换。图 3－6 所示为 Micro Cab 机架的一个基本的机箱配置图，机架安装在车载 ATC 设备柜中。一个 Micro Cab 带有两个（冗余）ATP 机箱和一个 ATO 机箱。

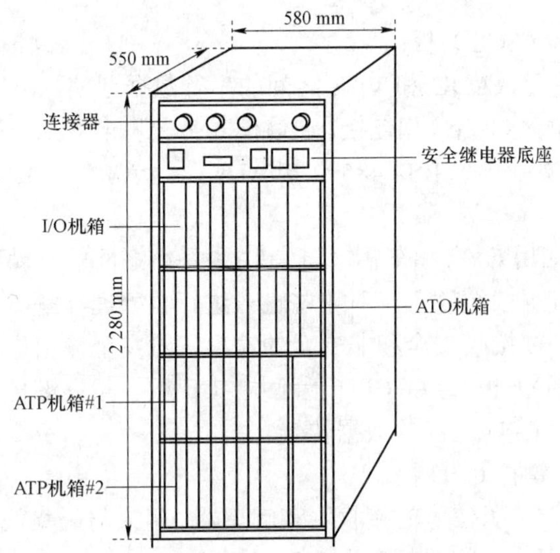

图 3－6　Micro Cab 机架的一个基本的机箱配置图

3. 车载 ATP 系统

车载 ATP 系统基于 US&S 的带有微处理器的 Micro Cab 信号系统，是一种可编程的、基于微处理器的控制器。图 3－7 为车载 ATP 系统的示意图。

（1）ATP 系统组成

ATP 系统由一个应用逻辑处理器和一个处理多种数据的 I/O 子系统所组成。I/O CPU 板通过硬件接口印制电路板控制和处理 I/O 数据，将这些 I/O 数据发送到应用 CPU，来实现系统逻辑。在 ATC 机架中，ATP 系统的硬件实现由容纳多种印制电路板的机箱构成。这些印制电路板提供了与所有外设和周边系统相接所需的硬件。

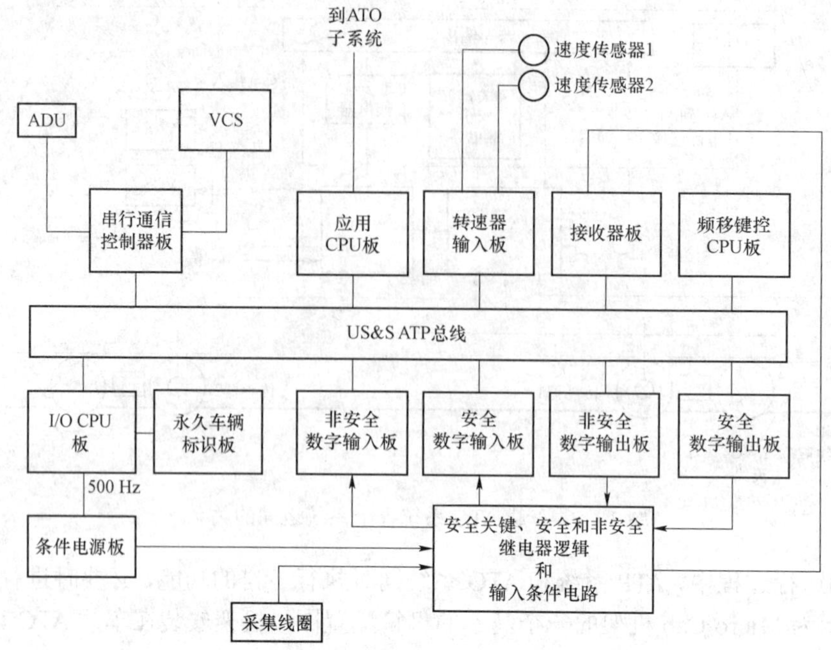

图 3－7　车载 ATP 系统的示意图

① 串行通信控制器（SCC）板：

SCC 板处理 ATP 单元、ADU 和 VCS 之间的串行数据通信。SCC 板还提供了一个诊断接口，用以与便携测试单元（PTU）相连接。通信模式是异步半双工，最大波特率为 9 600 Bd。这里采用了两种接口类型：一个 RS－485 连接 ADU，一个 RS－232 连接 PTU。

② I/O CPU 板：

I/O CPU 板提供了应用 CPU 和车辆、轨旁/中央系统之间的软件接口。它从安全数字输入（VDI）板接收安全和非安全输入，对这些输入进行预处理和解码，然后将它们发送到应用 CPU。它又从应用 CPU 接收安全和非安全的输出，对安全输出进行解码，并且将它们发送到安全数字输出（VDO）板。I/O CPU 板还从 SCC 板、频移键控 CPU 板和 ATO 单元接收串行 I/O，进行与应用 CPU 之间的数据传输。

③ 接收器板和频移键控 CPU 板：

接收器板是频移键控编码信号的接收器和解调器，用来与采集线圈相接。采集线圈可从轨道电路中提取数码数据。在载波频率为 9.5 kHz 到 16.5 kHz 的范围内，它能以 200 Mbps 处理 FSK 信号。频移键控 CPU 板包含一个微处理器，用于安全解码功能。

④ 转速器输入板：

转速器输入板与安装于轮轴上的多通道速度传感器相连接，处理其所产生的脉冲。此板还为 ATO 系统提供了一个条件信号。

⑤ 安全数字输出板、安全数字输入板和非安全数字输出板：

每块安全数字输出（VDO）板有 8 个输出，每个输出可以驱动一个带有干接点与列车管相连的继电器。

每块安全数字输入（VDI）板有 16 个输入，每个输入都使用一个光耦，并且带有防护网络。

每块非安全数字输出（NDO）板有16个输出，每个输出可以驱动一个带有干接点与列车管相连的继电器。

⑥ 应用CPU板：

此板基于68332微处理器，用来实现车载系统的安全逻辑和应用程序。这个处理器利用了Micro LokⅡ可编程安全控制技术。它包含一个稳定版本（不可修改）的Micro LokⅡ可执行程序（与用于Micro LokⅡ轨旁ATP控制器的相同），用以运行其应用程序。应用CPU板从I/O CPU板取得所有输入，并传送所有输出。

⑦ 条件电源（CPS）板：

CPS板为VDO板提供直流电源。仅当ATP单元以安全方式运行时，才产生直流电源。在故障情况下，直流电源从VDO板撤除，导致所有输出处于逻辑零的状态。I/O CPU板提供对CPS板的持续有效输入。

（2）ATP系统的相关外设

① 特征显示单元（ADU）：

ADU安装在司机控制台上，由显示器、表示、报警和开关组成，为ATP系统提供人机界面，允许司机控制和监视ATP/ATO功能。当ATC系统处于手动或是旁路运行模式时，司机可以控制列车。此时，非安全数据呈现给司机。

② 永久车辆标识（PVID）：

PVID是一个串行EPROM，位于车辆之上，可以记录车辆标识信息，区分其所在的车辆，以对特定轨旁命令作出反应。车辆标识对于印制电路板和车载ATP系统的机箱来说是安全的，每一车辆的永久标号由连到ATP单元的电缆连接器上的EPROM来设置。该电缆是车辆的永久组成部分。如果ATP硬件被调换，新的硬件将会靠电缆的EPROM连接来呈现出车辆的标号。

车辆ID是TWC列车ID的一部分，用在列车ID跟踪等方面。

③ 便携测试单元（PTU）：

PTU是ATC系统的维护控制台，是一台便携的PC机，包括接口电缆和要执行这些功能所必需的软件。PTU用来与ATC机架相接，取得数据日志和系统状态信息。它还可以用来设置系统参数，比如车轮的尺寸。通过一个由菜单驱动的数据获取程序通过SCC板上的诊断接口来访问ATC系统。

另外，厂家测试成套设备（STS）是一种完整的、基于PC机的测试工作站，它可以允许系统维护者对ATC系统中的所有印制电路板执行制造级别的测试和校准。

④ 车载诊断辅助软件和工具：

静态出发测试由静态出发测试命令来手动启动。此命令可以由ATC系统的控制中心中任何具有TWC信号功能的轨道来发出。司机也可以通过转换开关转换运行模式，手动激活这项测试。此时，列车必须处于停止状态。

ATC系统执行范围很广的内部自检，内部自检在每一个系统周期都执行，存储所有探测到的故障，供维护人员调用。自检的目的是确认Micro Cab中央处理单元（CPU）硬件和软件及其他大多数系统印制电路板的正常运行。主要的故障报告给车况监视器（VHM），并且，根据需要通过TWC系统传送给轨旁控制室和控制中心。事件日志可以通过Micro Cab串行通信印制电路板前面板上的EIA RS－232诊断端口来调取。

4. 车载 ATO 系统

图 3－8 为车载 ATO 系统的示意图。ATO 系统与 ATP 系统、TWC 系统、VCS 和 VAS 相接。所有数据通过串行连接进行传输。

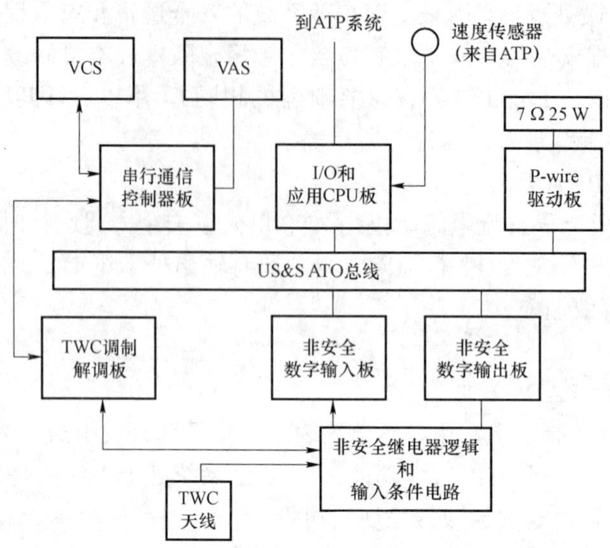

图 3－8　车载 ATO 系统的示意图

车载 ATO 系统的印制电路板有以下几种：

（1）I/O 和应用 CPU 板

I/O 和应用 CPU 板用来实现速度调节和车站停车功能。速度输入直接通过 ATP 系统的条件速度输出取得，由此产生速度特征，并通过不同的因素同车辆的真实性能相比较。ATO 系统的输出用来控制车辆的性能，这是通过能产生推进和制动命令的“P－wire”来实现的。

（2）串行通信控制器（SCC）板

SCC 板是一个中断驱动的处理器，它用来与 TWC 系统、VCS、VAS、ATP 系统和连接到 PTU 的串行诊断接口一起处理所有的串行数据通信。

（3）非安全数字输入板和非安全数字输出板

非安全数字输入（NDI）板用来作为车辆逻辑的数字输入接口。非安全数字输出（NDO）板用来作为 ATO 系统和本地车辆逻辑与列车管之间的接口。

（4）P－wire 驱动板

此板包含用以驱动直流 P－wire 的电路。P－wire 对控制 ATO 系统所申请的推进或制动磁力的模拟信号作出回应。

（5）TWC 调制解调板

TWC 调制解调板包含通过 TWC 采集线圈收发数据的电路。

5. 速度传感器

采用两个速度传感器。每个传感器都是多通道的，它们安装在无动力车辆（有摩擦力制动设备）的轮轴上。传感器信号既被用在 ATP 单元，又被用在 ATO 单元，以确定车辆运动参数，包括真实速度、方向、所行里程、回转和零速度（车辆停止）。

DF－17 是一个多通道的脉冲产生器，采用光学传感技术。它应用一个多列光学光圈盘，对于四个独立光电电路所侦测到的四股独立光线，决定是否让其通过。DF－17 每转产生 128 个脉冲。这些传感器特征可以提供小到 1 km/s 的速度测量精度。

传感器的输出是基于旋转距离的脉冲。ATC 系统必须根据车轮直径，将这些脉冲转换成现行距离。车辆速度由每单位时间（250 ms）的脉冲计数来确定。

速度传感器可以探测到大于 1 km/h 的速度。ATP 系统比较来自两个速度传感器的数据，以最后决定列车的速度。

系统允许输入正确车轮直径，来确保正确测量速度和里程。此项来自 ATP 处理器的安全输入可以以步长 1 cm 进行调整。一旦输入进入 ATP 单元，信息会存放在 EPROM 中。轮径值在下一次作修改以前将会一直保持不变。

轮径访问入口在 ATP 系统的前面板，位于 ATC 设备柜门之后。当维护人员键入密码后，前面板的开关和显示器就可以被用来设置轮径。

ATP 系统中还提供了车轮磨耗的纠正功能。

6. 车地通信收发器

地面 ATP/ATO 设备与列车通过站台 TWC 调制解调器交换数据。

车载 TWC 系统安装于车辆车载天线与车辆底盘之间。

车载 TWC 系统印制电路板有以下两种：

（1）串行通信控制器（SCC）板

SCC 板包含一个微处理器，由它实现用于控制 TWC 调制解调板的功能。

（2）发送/接收板

发送/接收板为 SCC 板提供了必要的电路，用以与车载天线相接，并进行信号的收发。车载 TWC 系统不包含系统智能，仅仅包含将数据从轨旁发送到合适车载系统的功能。

7. 司机界面

ATC 系统的司机界面由司机控制台和特征显示单元（ADU）来实现。

ADU 不管当前的运行模式如何，总是同时显示车辆真实速度的示意图和数字表示，是一个双色发光二极管构成的示意性的圆环。每个发光二极管代表 2 km/h 的增量，表示的范围为 0～90 km/h。绿色发光二极管表示当前速度，红色发光二极管表示当前速度限制。当 ATP 系统处于控制状态（自动和手动模式）时，显示当前速度限制。ADU 内部的一个压电报警器在处于超速情况中时提供持续的声音报警。所有 ADU 上的控制和表示都是非安全的。

8. 车载 ATC 系统的接口

（1）与车门控制的接口

车载 ATC 系统提供一个到车门控制系统的接口。车门控制信号包括左车门使能、右车门使能和车门状态（开启或关闭）。

（2）与制动系统的接口

车载 ATC 系统和制动系统之间的接口需要通过列车管。此接口包括脚踏闸（SB）、紧急制动（EB）和停车制动（PB）。

（3）与推进系统的接口

车载 ATC 系统和推进系统之间的接口需要通过列车管。此接口包括 P－wire 环线滑行模拟、上电模式、前进和后退。P－wire 环线提供了推进和制动的模拟量控制，从最大脚踏闸制动到全速推进。

（4）与车辆通信系统的接口

车载 ATC 系统和车辆通信系统（VCS）的接口使用了一个半双工的串行通信连接，提供车站报告信息。

第三节　ALSTON ATC 系统的车载设备

一、ALSTON ATC 系统的总体结构

ALSTON ATC 系统的总体结构如图 3-9 所示。

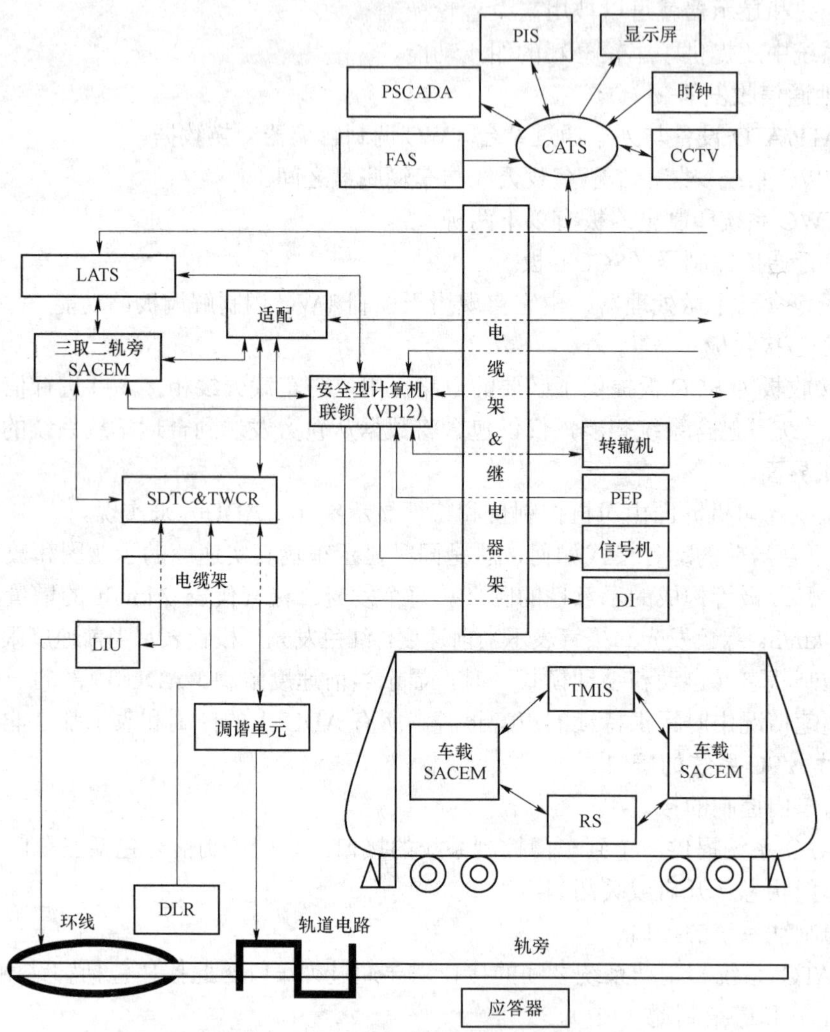

图 3-9　ALSTON ATC 系统的总体结构

PEP—站台紧急按钮；DI—列车发车时刻显示器；VPI2—安全型计算机联锁；CCTV—视频监控；PSCADA—电力监控系统；FAS—火灾自动报警系统；SACEM—基于“目标距离原则”的 ATP/ATO 系统；PIS—乘客向导系统；LATS—车站 ATS；SDTC&TWCR—数字轨道电路或 TWC 架；LIU—环线调谐单元；TMIS—列车信息管理系统；RS—车辆；DLR—TWC 应答器

ATC 系统由室内设备、室外设备、车载设备及 OCC 设备组成。

二、车载 SACEM 设备

SACEM 系统是基于“目标距离原则”的 ATP/ATO 系统，是建立在分布在线路上的轨旁计算机和车载计算机基础上的。

车载 SACEM 设备确保下列功能：列车定位，基于安全里程计和轨旁应答器；紧急制动控制，决定防护区域，并采取安全措施防止任何情况的危害。

每个司机室中都安装有一套车载 SACEM 设备。车载 SACEM 设备通过接收线圈接收来自轨旁 SACEM 设备的信息。所接收的信息包括：进路地图、轨道状态、临时限速、运营调整指令。这些信息使得列车能够计算出前方下一个停车点，或者由于某些原因前方存在一列车或 PEP 启动。车载 SACEM 设备向轨旁 SACEM 设备发送维修数据和 PTI 信息。车载 SACEM 设备与司机室显示单元（DDU）相连接，可向司机显示信息并采集来自司机的信息。车载 SACEM 设备与控制台相连接，以选取驾驶模式并通知司机，将速度限制和实际速度在 DDU 上显示给司机，采集来自司机的信息。每个司机室设置一套冗余 ATP 系统。

车载 SACEM 设备安装在每个司机室内，并与它的外围设备、天线、接收线圈及编码里程计相连接。

车载计算机通过应答器和它们之间的位移测量，能够使列车在轨道上定位。

ATP 系统控制紧急制动，它能够决定防护的位置，并且采取安全措施以防止当时情况下的任何危险。

ATO 系统控制列车。它生成列车牵引和制动命令。

TDMS 系统完成数据记录、维修数据和列车信息管理系统（TMIS）接口。

司机室内有以下设备：

1. 上电开关

上电开关是二位开关（断开/接通），位于司机操作台上，司机可以用来给列车上电/断电；司机在离开列车前一定要将开关置于 OFF 挡。

2. 模式选择开关

模式选择开关是六位开关，位于司机操作台上，分别是：ATO、手动、向前限速、洗车、断开、向后限速。其中 ATO 和手动模式是驾驶模式，用于列车运营。其余四种是车辆模式。

3. 发车按钮

发车按钮位于司机操作台上，用来发车。

4. 紧急制动按钮

紧急制动按钮位于司机操作台上，司机在紧急情况下可以按压该按钮使得列车紧急制动。

5. 紧急制动复位按钮

一旦列车紧急制动恢复后，司机需要按压紧急制动复位按钮后才能重新驾驶列车运行。

6. 限速模式（RMO）按钮

如果司机要选择 RMO 驾驶模式，必须将模式选择开关拨到 CM 挡，并且按压限速模式按钮。

7. 速度表

速度表用来显示目标速度和实际速度，有两个指针，其中红色的指针指示目标速度，黄色指针指示实际速度。

8. 允许开左/右门灯

允许开左/右门灯分别位于司机操作台的左右两侧，用来提示司机开左门还是开右门。

9. 开左门按钮、关左门按钮

开左门按钮和关左门按钮分别位于司机操作台的左边和左侧门边上，用来开/关左门。

10. 开右门按钮、关右门按钮

开右门按钮和关右门按钮分别位于司机操作台的右边和右侧门边上，用来开/关右门。为了防止司机误动作司机操作台上的按钮，建议把操作台上的开/关左/右门按钮盖住。

11. 门关好灯

当所有的车门都关好后，门关好灯亮灯。

12. 司机手柄

在非 ATO 驾驶模式下，司机用手柄来驾驶列车。共有四挡：牵引、惰行、制动、快速制动。

13. DDU

DDU 是个液晶显示屏，位于司机操作台上，用来将列车的驾驶信息显示给司机。

14. 蜂鸣器

蜂鸣器位于 DDU 上。当列车行驶速度接近速度限制点或超过警戒曲线速度或者触发了紧急制动时，蜂鸣器鸣响；当停站时间即将结束时，蜂鸣器也鸣响，通知司机关门和发车。

15. ATP 主/备选择开关

ATP 主/备选择开关位于司机室后方的机柜里，用来选择 ATP 主机工作或者在主机故障的情况下选择备机工作。

16. ATP 隔离开关

ATP 隔离开关位于司机室后方的机柜里，加铅封，用来切断 ATP 电源。

另外司机控制台上还有其他通信设备和车辆设备，SACEM 系统和 ATS 系统之间的连接位于集中站。在这些站，冗余的车站 ATS 服务器通过冗余的串行接口与 SACEM 设备相连。

第四节　国产化试验型准移动闭塞 ATP 系统的车载设备

一、系统结构

区域控制中心系统结构如图 3－10 所示。分为三层结构，即操作控制层、主机处理层和输入/输出控制层。三层设备之间通过两层不同的网络连接，它们分别是系统网络和联锁总线。

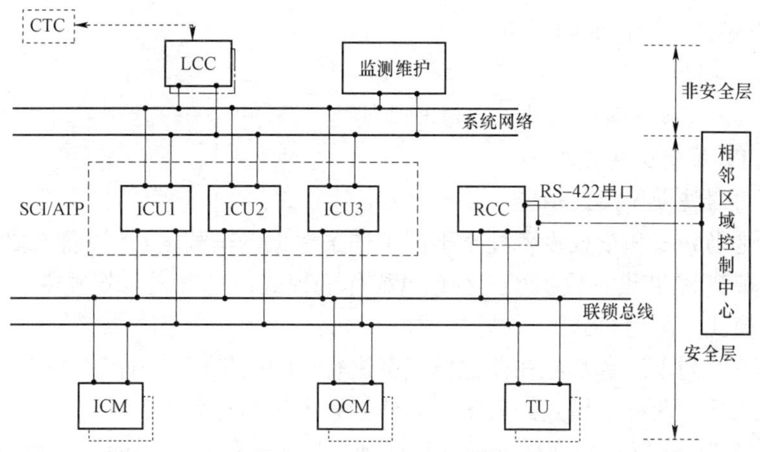

图 3－10　区域控制中心系统结构

CTC—集中控制中心；ATP—列车自动防护；LCC—本地控制台；RCC—远程通信控制器；ICU—联锁/ATP 控制单元；ICM—输入控制模板；SCI—计算机联锁；OCM—输出控制模板；TU—列车无线单元

1. 操作控制层

配置工控主机。控制台采用双机热备，以提高系统操作可用性。监测维护设备为单机配置。操作控制层设备均通过冗余光纤通道连接系统网络。

2. 主机处理层

配置信号控制专用三冗余主机系统，冗余主机通过冗余端口连接系统网络的主备通道和联锁总线的主备通道。

3. 输入/输出控制层

配置双板热备，无扰切换，双板均通过两个端口连接到联锁总线的主备通道。

图 3－10 中实线框与虚线框叠加代表双冗余配置，包括：ICM、OCM、RCC、TU 和 LCC。

系统分为非安全层和安全层。非安全层包括 LCC（及 CTC）、监测维护和与之相关的系统网络通信。安全层包括：主机计算模块、输入/输出控制模块、控制远程通信模块、数字轨道电路单元及与之相关的网络通信和总线通信。系统的安全层和非安全层则以系统网络分界。

二、车载 ATP 设备

1. 车载 ATP 设备的设计原则

① 车载 ATP 设备以一次速度控制曲线模式为主要控制模式。

② 车载 ATP 设备以地面固定信息的车载设备存储为主要方式。

③ 车载 ATP 设备响应时间小于 2 s。

④ 车载 ATP 设备按双机设计使用，正常情况下，两个系统是并行运行的，也可被配置成为任何一个系统单独运用。

⑤ 车载 ATP 设备采用开放式体系结构、模块化设计。同时根据车地间不同的信息传输方式，只要增加相应的信息处理模块就可以实现基于轨道电缆或无线传输的 ATP 系统。

⑥ 能适应交流、直流牵引。

⑦ 满足故障—安全原则。

⑧ 满足电磁兼容设计原则。

⑨ 预留 ATO 接口。

⑩ 车载 ATP 设备具有自检测、自诊断功能。

2. 车载 ATP 设备的主要功能

（1）司机的驾驶操作模式功能

操作模式是当列车和车载设备处于不同工作条件下，车载 ATP 设备所提供的不同的司机操作方式。车载 ATP 设备提供了三种运营操作的模式：ATP 人工驾驶模式（监控模式）、ATP 限速驾驶模式（限速模式）、切除模式。

正常情况下的列车运营都应在监控模式下进行，下述的主要功能都是在这种模式下的实现的。监控模式具有两种子模式：人工正向驾驶和人工退行驾驶。

对于监控模式，一般在无有效地面信息或列车进出车辆段或地面设备故障时，由设备自动确定。这种模式只对列车进行一个固定的速度（20 km/h）监督，以及停车才能开门的监督；特殊情况下，列车处于监控模式时，在列车发生紧急制动后，或列车在速度低于 20 km/h，司机按压 RM 按钮时，也会转为限速模式。

采用切除模式是由司机确定的，一般在车载设备出现故障时采用，司机须记录后，将车载 ATP 设备切除；在此模式下，车载 ATP 设备与制动系统的接口被切除，切除后不影响列车的正常驾驶。

（2）地面信息的接收功能

车载 ATP 设备接收由控制中心产生并经由数字轨道电路设备传输来的信息，完成信息的解调、安全校验及解码。该功能由地面信息接收板完成，并将解码完成的信息通过通信总线传送给主机系统，同时地面信息接收板还给出当列车经过两个相邻轨道电路的分界点时的过绝缘节信息，该信息使主机系统可以对走行距离进行矫正，消除测距过程中的累积误差。

车载接收板针对数字轨道电路八种载频进行接收处理，具体的解调原理与数字轨道电路的接收原理一样。

（3）测速测距功能

测速测距功能的实现是由主机板对来自光电速度传感器的信号进行计算处理来测量列车的实际运行速度和走行距离的，系统采用两个速度传感器，一个速度传感器提供三路频率信号，信号相位差 120°；另一个速度传感器提供两路信号，一路用于 ATP 设备测速，一路用于 ATP 设备关机时，人机接口自行测速。

测速测距产生的速度和距离信息及运行方向，除了要用于对列车速度进行监督以外，还要通过 CAN 通信口，传给人机接口系统用于显示。

（4）速度－距离监督曲线的计算

速度－距离监督曲线是由车载 ATP 设备生成的用于保证列车安全运行的一条列车速度与距离互为变量的函数曲线，计算过程为：

① 通过地面信息的解码，得到前方的停车点或限速点（目标点）。

② 车载设备根据列车当前的位置可以计算出前方停车点或限速点的实际距离，并以此点为基点，从车载设备存储的固定信息里，提取出这段距离的坡道值、弯道值、线路的最高限速，结合车载设备存储的列车性能参数，如制动率、空走时间、列车阻力、旋转质量系数

等，利用公式计算出列车当前位置到目标点的速度–距离监督曲线。

③ 当存在多个目标点时，对每个目标点都要进行计算，采用最限制的速度作为控制的依据。

（5）列车车门的安全防护功能

当列车在移动时，如果检测到车门已打开，则 ATP 设备应给出制动命令，输入/输出系统的开左门、开右门命令的硬件执行电路是符合故障—安全原则的，即当电路发生故障时，能够保证输出禁止开门命令，并关断安全输出控制，从而切断输出电路的电源，保证安全。

在监控模式下，当列车停稳并且停在站台上时，主机系统才能给出打开相应站台侧车门的命令，站台在哪一侧是由存储在车载设备中的固定数据和地面信息得到的。

在限速模式下，只要列车速度为 0 km/h，就可以打开车门。

（6）列车制动的控制功能

目前系统提供的制动接口有两个：紧急制动和全常用制动。

列车发生超速时，首先实施全常用制动，全常用制动比紧急制动小一个固定值 3 km/h；列车速度低于限速时，自动缓解。

在列车超速后全常用制动未能起到应有的效果或在不允许打开车门的时候车门被打开时，施行紧急制动。列车速度为 0 km/h，且 2 s 后自动缓解。

（7）人机交互功能

车载设备通过人机接口提供了与司机和检修人员交互的接口，司机可以通过相应的菜单界面输入司机编号、车次编号和终点编号等信息。

检修人员在输入密码并通过密码验证之后，可在触摸屏上输入日期、时间、轮径、车辆标识等数据。

（8）运行信息的记录及管理功能

车载 ATP 设备通过记录板，能够完成对列车运营整个过程信息的记录，主要包括以下内容。

① 车载 ATP 设备工作状况记录功能：通过与车载 ATP 设备的各种输入/输出接口和通信总线相联系，记录车载 ATP 设备的工作过程，可以分析车载 ATP 设备的工作状况。

② 司机驾驶状况记录功能：通过与司机的驾驶操作设备的接口，对司机的驾驶过程进行记录。

③ 车载 ATO 设备工作状况记录功能：通过与车载 ATO 设备的各种输入/输出接口和通信总线相联系，记录车载 ATO 设备的工作过程，可以分析车载 ATO 设备的工作状况。

④ 列车运行情况详细记录功能：通过与列车设备的接口，对列车的运行情况进行记录。

记录板记录的信息和数据通过转储设备，可以由地面的信息管理系统进行分析和处理，并可以打印出相应的报表。

3. 车载 ATP 设备的组成

车载 ATP 设备的安装示意图如图 3–11 所示，共包括四个相对独立的部分：车载 ATP 设备主机、人机接口（MMI）、测速传感器、ATP 天线。

车载 ATP 设备主机安装在司机室后的电气设备控制柜里，MMI 安装在司机操控台上，测速传感器安装在不同转向架上，并且位于车辆的两侧，ATP 天线安装在列车的第一轮对的前方。

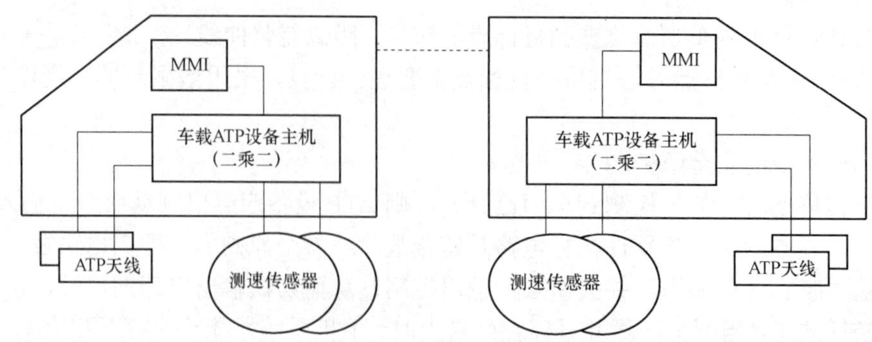

图 3－11　车载 ATP 设备的安装示意图

4. 保障系统安全的措施

车载 ATP 设备是保障安全的设备，因此其必须遵循故障—安全的设计方法，车载 ATP 设备通过合理的系统结构和安全保障措施来保证系统的安全，任何影响安全性的功能失效均使系统转到一种已知的安全状态，车载 ATP 设备在设计时，遵循如下设计原则：闭环原则、动态原则、冗余原则、高可靠原则。

系统采取的一些具体的保障系统安全的措施有：

① 采用双 CPU 构成的主从式处理结构，能够有效地防止由于 CPU 结构复杂，无法采取等效的故障模式分析，而引起的故障不确定性；

② 多级校核，设备的输入/输出采取多级校核，在输出前进行校核，输出后进行检查校核；

③ 对设备的输入接口进行动态检查，防止由于接口电路的故障，引起输入信号采集的错误；

④ 采用安全电源控制输出，对于关键的输出信号如紧急制动、左右门控均采用安全电源控制输出，一旦发生故障可以切断输出，保证安全；

⑤ 软件设计过程严格按照软件工程规范进行；

⑥ 软件设计采用模块化设计，遵循高内聚、低耦合的原则；

⑦ 尽量减少 CPU 的利用率，使其具有足够的余量；

⑧ 增加系统通信校验，保障通信安全。

复习思考题

1. 简述西门子的车载 ATP 单元的组成和各部分的作用。
2. 简述西门子的车载 ATO 单元的组成和各部分的作用。
3. 西门子的 ATC 天线有何作用？
4. 西门子的 ATC 采用何种速度脉冲发生器？简述其工作原理。
5. 西门子的 MMI 显示器有何作用？简述各控制部件及其作用。
6. 西门子的车载 ATP 设备与车辆系统有哪些接口？
7. US&S 的车载 ATC 系统有哪几种运行模式？

8. 简述US&S的车载ATP系统的组成和工作原理。
9. 简述US&S的车载ATO系统的组成和工作原理。
10. US&S ATC系统采用何种速度传感器？简述其工作原理。
11. 简述US&S ATC系统的车地通信收发器的工作原理。
12. US&S的车载ATC系统有哪些接口？
13. 简述ALSTON ATC系统的车载设备的组成。
14. 简述ALSTON的车载SACEM设备的工作原理。
15. 简述国产化试验型准移动闭塞ATP系统的车载设备的组成。
16. 车载ATP设备有哪些设计原则？
17. 车载ATP设备采取哪些措施保障系统安全？
18. 各型车载ATP设备有哪些主要功能？
19. 各型车载ATO设备有哪些主要功能？
20. 总结各型ATC系统车载设备的异同。

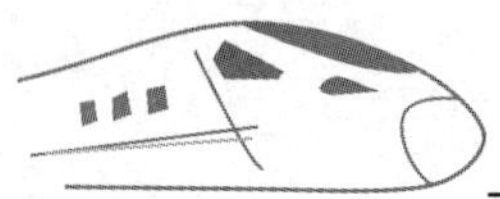

第四章

CBTC 系统的车载设备

第一节　iCMTC 型 CBTC 系统的车载设备

一、系统结构

iCMTC 型 CBTC 系统是自主化的基于无线通信的列车自动控制系统，简称 iCMTC 系统。支持自由无线、波导和漏泄电缆等多种方式的车地无线传输方式，并具备在系统故障时降级至点式后备的能力，支持 CBTC 与点式后备混跑模式运行。iCMTC 系统由 iLOCK 型计算机联锁（CBI）、iTC 型列车自动控制系统（ATC 系统，包括 ATP 系统、ATO 系统）、iTS 型列车自动监控（ATS）系统、iDCS 型数据传输系统（DCS）、iMSS 型维修支持（MSS）系统组成。iCMTC 系统的结构如图 4－1 所示。

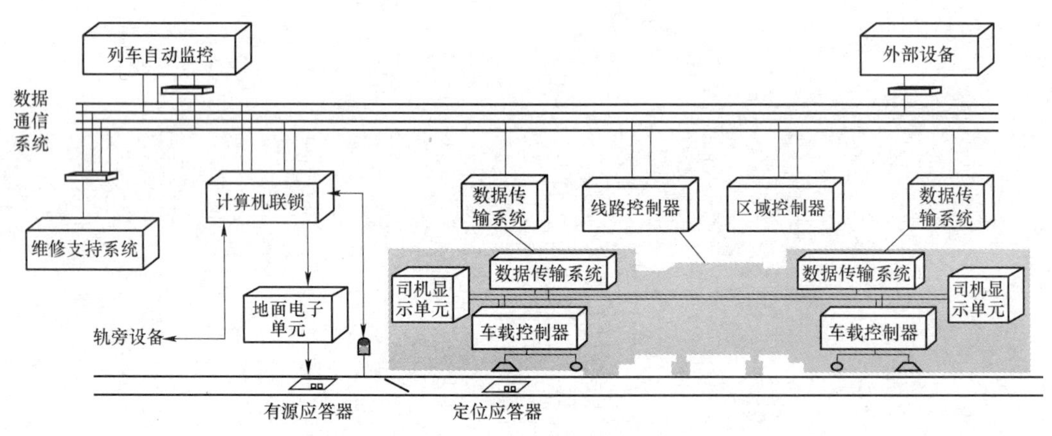

图 4－1　iCMTC 系统的结构

二、iTC 型列车自动控制系统

iTC 型列车自动控制系统（简称 iTC 系统）采用双机热备二取二结构，全系统关键部件没有单点故障。iTC 系统监控列车安全运行，通过车载 iTC 部分和轨旁 iTC 部分构成信息闭环控制，实现移动闭塞控制功能。

iTC 系统是 iCMTC 系统的一个核心子系统，由轨旁和车载两部分组成。轨旁部分包括

区域控制器（ZC）、线路控制器（LC）、地面电子单元（LEU）和应答器（BEACON）。车载部分包括车载控制器（CC）和司机接口（DMI）。

1. iTC系统的主要技术特点

① 车载控制器硬件采用“二取二”结构，通过相异设计和双通道安全输出比较来提高系统的安全性。

② 车载控制器软件采用安全编码处理器（VCP）技术和数字集成安全保证逻辑（NISAL）编码技术，使系统发生随机错误的不可检出率达到SIL4级要求，保证系统的高安全性。

③ 车头、车尾的车载控制器构成冗余，根据设备的可用性等级实现自动主备切换，保证系统的高可用性。

④ 轨旁设备统一采用自主研发的通过国际第三方 SIL4 级独立安全认证的轨旁安全平台（TSP）。该平台采用双系并行控制的“二乘二取二”技术、在线检测（BIT）技术和相异性（DIV）技术，以保证轨旁系统的安全完整性等级达到SIL4级要求。

⑤ 车载输入/输出模块的安全输入和输出采用并接方式连接，构成双驱双采工作方式。

⑥ 系统内部设备之间采用SACEM安全通信技术，使用双24位SACEM编码和时间标签技术，保证安全数据交换的安全性和时效性。

2. 车载ATC设备

如图4－2所示，车载ATC设备包括车载控制器（CC）、编码里程计、应答器天线、司机显示单元（DMI）等，CC、DMI接入冗余的信号网络；应答器天线、编码里程计通过线缆连接。

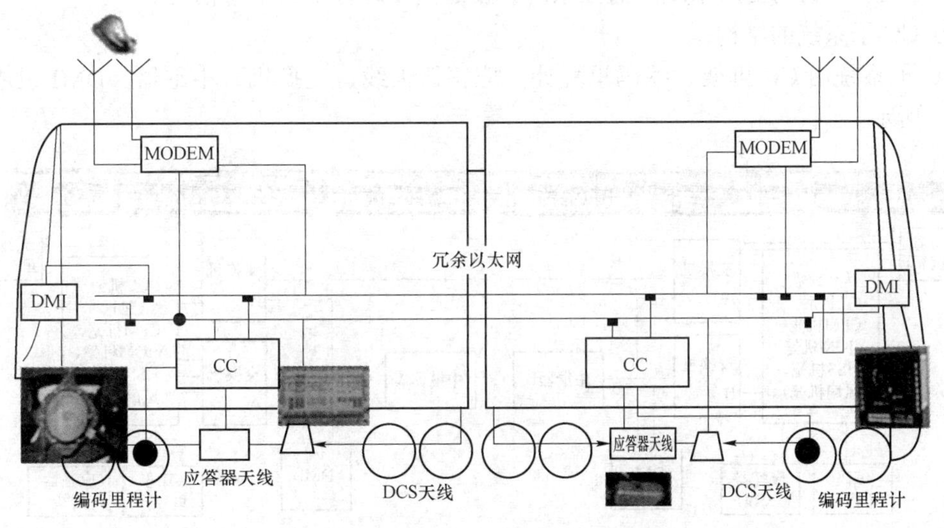

图4－2　车载ATC设备结构示意图

安装在车体内的信号设备包括车载ATC主机、驾驶台信号显示单元、速度表。速度表安装在驾驶台上，指示列车当前实际速度和最大允许速度，其数据输入应该独立于信号显示单元。安装在车体外的信号设备包括ATC定位设备和ATC测速设备。

（1）车载控制器（CC）

① CC子系统的功能：

CC 子系统在自动控制和人工控制下都能负责监督和控制行车安全。

CC 子系统包括两个主要功能：列车自动防护（ATP）功能、列车自动运行（ATO）功能。

ATP 系统负责监督和控制列车的运行。根据安装在列车车身上的编码里程计、应答器天线和安装在轨旁的应答器进行列车安全测速和定位。通过采集司机输入和轨旁有源应答器或区域控制器获得的变量信息和 EOA 信息，确定列车的驾驶模式，并对列车的速度、间隔、能量、退行、车门开关等进行监控，在列车发生超速、超能、冒进、退行时对列车施加紧急制动，保证列车运行和乘客安全。

ATO 系统根据安装在列车车身上的编码里程计、应答器天线和安装在轨旁的应答器进行列车精确测速和定位。根据运行调整指令（来自 iTS 型 ATS 系统的运行调整命令或司机人工调整停站时间）自动驾驶列车运行，保证列车运行时的乘客舒适性和自动精确停站。

CC 子系统管理下列功能：

a. 列车运行防护；

b. 列车在车站安全而准确停车；

c. 车站停车和发车时间；

d. 车门与站台门打开和关闭，协助确保乘客安全；

e. 根据安全原则（限速和防护区段）和调整约束实现列车自动运行；

f. 辅助司机（通过 DMI 屏幕）；

g. 处理列车的初始化和自检；

h. 向上层系统（监控系统、区域控制系统）发送列车报告；

i. 处理和生成向上层系统（监控系统）发送列车运行中的报警信息。

② CC 子系统的结构：

CC 子系统由 CC 机架、编码里程计、应答器天线、交换机、中继器、DMI 组成，如图 4－3 所示。

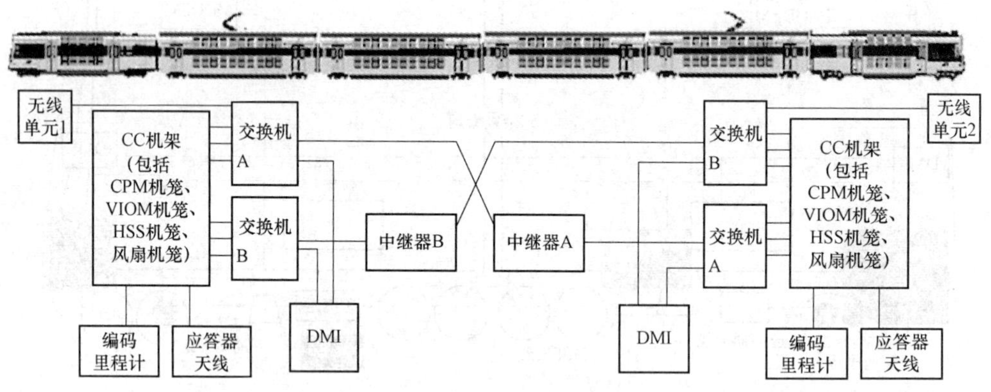

图 4－3　CC 子系统的结构

每个 CC 机架包括一个 CPM 机笼、两个 VIOM 机笼和一个 HSS 机笼。两个 VIOM 机笼构成了二乘二取二的冗余结构。CC 机架正面布置如图 4－4 所示，主要由以下几部分组成。

a. 中央处理单元（CPM），获取编码里程计和信标的信息，记录数据，维持 CPM 系统与外部的接口。其安全原则基于二取二安全技术和编码处理器技术。

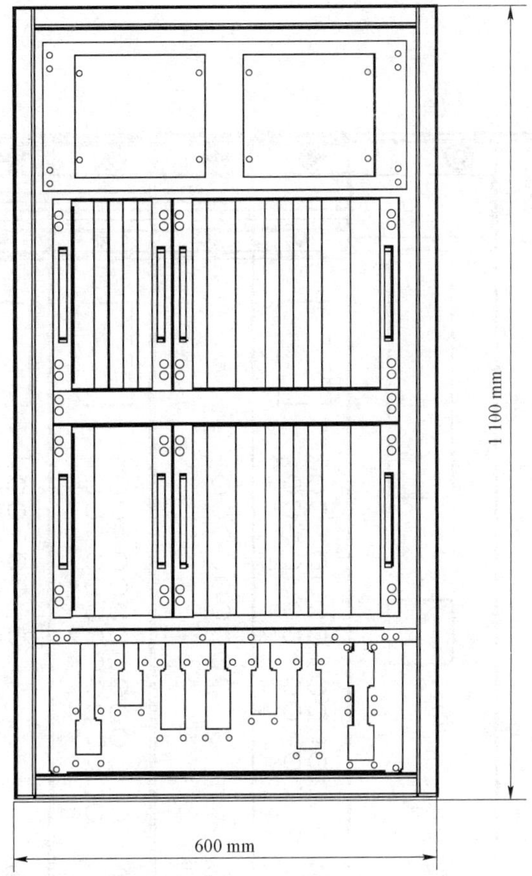

图 4－4　CC 机架正面布置图

CPM 结构图如图 4－5 所示，由五个模块组成：

CPB 是 CPM 的供电模块，提供内部电源、编码里程计电源、应答器天线电源、机架风扇电源。

VLE－2 是 ATP 处理器，提供安全应用功能的双通道核心处理器，采用编码处理器技术为运行 ATP 软件提供安全时钟。

VPB－2 测速定位板实现应答器信息处理、应答器位置检测、车轮传感器接口和脉冲处理。

DVCOM－2（CCNV）非安全运算单元提供非安全应用功能的核心处理器（ATO 软件）、管理 ATP 和 CCNV 内部与外部的通信。

DVCOM－2（DLU）数据记录单元是 CC 子系统的事件记录器。

CPM－MB 是 CPM 母板，提供 CPM 机笼内各个板卡之间的总线连接。

b. 安全输入输出单元（VIOM），实现离散的安全和非安全输入和设置输出，以及非安全的模拟输出。其安全原则基于二取二技术和组合故障安全技术。

VIOM 结构图如图 4－6 所示，由九个模块组成：

VPU 是 VIOM 的供电模块，提供内部电源。

VIOC 是输入/输出处理器，提供输入/输出的双通道安全处理器。

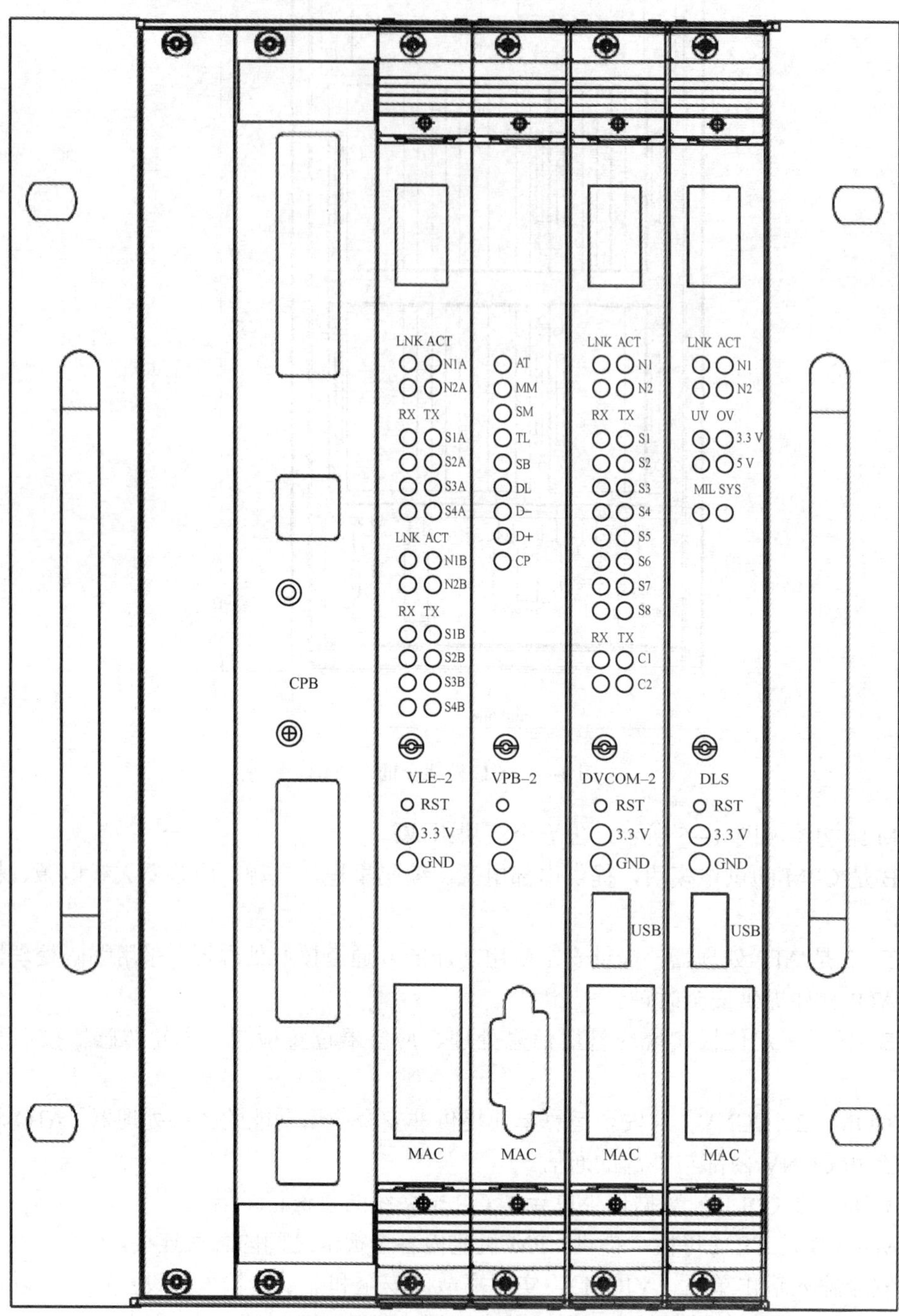
LNK ACT
N1A
N2A
RX TX
S1A
S2A
S3A
S4A
LNK ACT
N1B
N2B
RX TX
S1B
S2B
S3B
S4B
AT
MM
SM
TL
SB
DL
D–
D+
CP
LNK ACT
N1
N2
RX TX
S1
S2
S3
S4
S5
S6
S7
S8
RX TX
C1
C2
LNK ACT
N1
N2
UV OV
3.3 V
5 V
MIL SYS
CPB
VLE–2
VPB–2
DVCOM–2
DLS
RST
3.3 V
GND
RST
3.3 V
GND
RST
3.3 V
GND
USB
USB
MAC
MAC
MAC
MAC

图 4－5 CPM 结构图

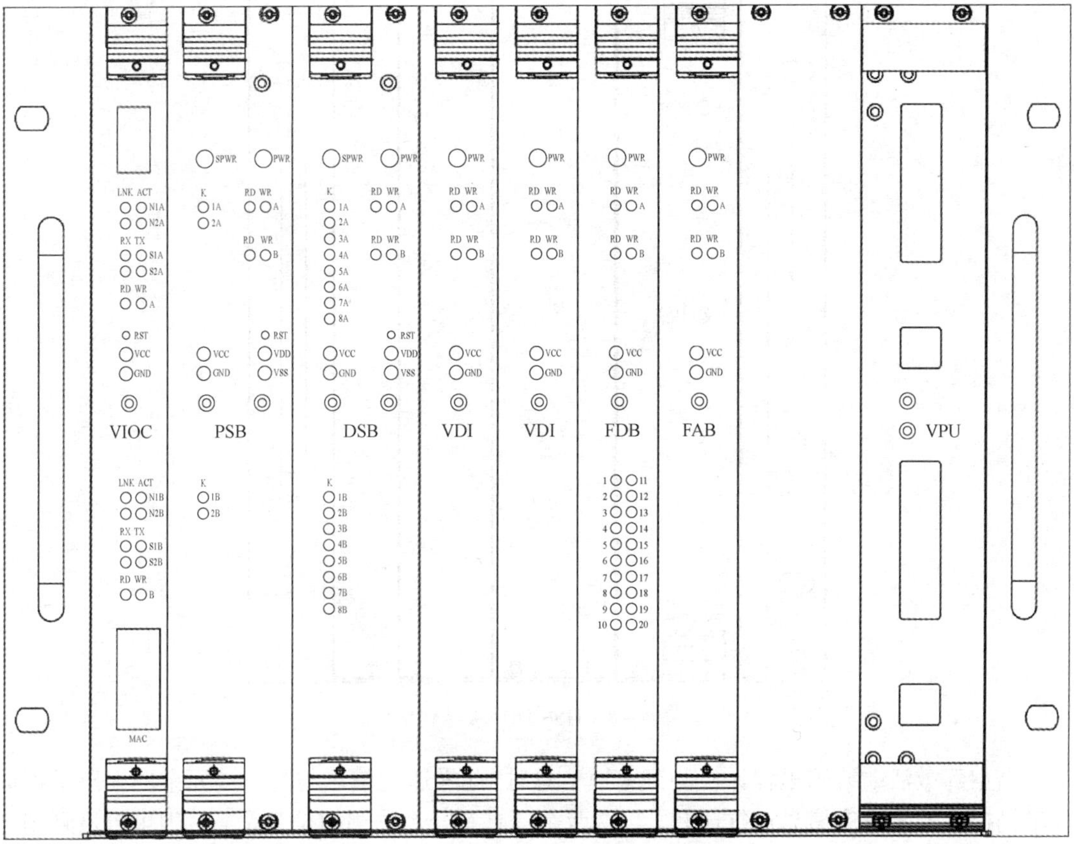

图 4－6 VIOM 结构图

PSB 是高功率安全输出板，实现两路高功率的安全输出切断，用于控制列车的 EB。

DSB 安全输出板提供八路安全干接点功能的处理器，用于控制列车的门使能、零速等安全输出。

VDI 安全输入板，共使用两块，一块用于采集车门状态等安全输入，另一块用于采集 EBNA、DMS 等非安全输入，作为非安全输入的采集使用。

FDB 非安全数字输出板用于控制 MD、BD 等非安全输出。

FAB 非安全模拟输出板用于控制牵引等级和模拟速度表的输出。

VIOM 母板提供 VIOM 机笼内各个板卡之间的总线连接。

c. HSS 切换板，如图 4－7 所示。对于非安全输出，两个 VIOM 通过 HSS 继电器切换板与车辆接口电路相连，同一时刻只有一路 VIOM 的非安全输出与车辆联通。

除此之外，CC 机架的组成部分还包括冗余风扇（用于 CC 机架的降温），输入/输出接口，实现 CC 设备与车辆的接口连接。

（2）编码里程计

编码里程计是列车位移的安全型光传感器，安装在车轴上，为 CC 提供零速检测信息。

列车停车时 CC 须通过检测编码里程计的最小转动角来检查零速信息，以监视列车向后或向前打滑。

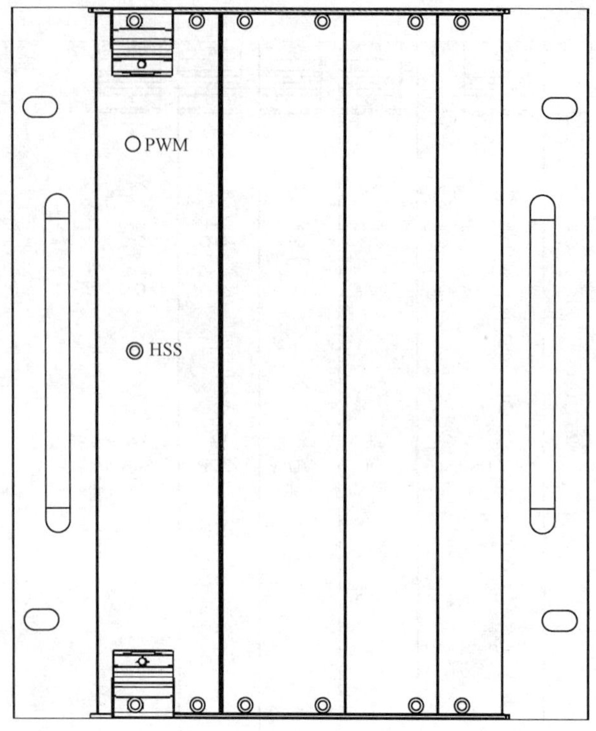

图 4－7　HSS 切换板结构图

当主驾激活端编码里程计检测到零速信息时，此零速度信息与另一端冗余的编码里程计及车辆提供的零速度信息进行比较。若这两个信息有一个与当前信息一致，则可以检测到零速度信息，则 CC 认为列车已停稳。若都不一致，则检测出机械故障（轴损坏或死抱）。

列车移动是通过编码里程计测得的，最小可探测的位移为 3 cm。

（3）应答器天线

应答器天线是地车之间的传输设备，安装在转向架下（需要减振器）。每个 CPM 配置一个天线，实现应答器和安全处理器单元之间的气隙传输，由 CPM 进行供电。

（4）DMI

DMI 是司机的人机界面，每个司机室配备一台，通过车载网络进行通信。

DMI 是用于显示车载控制器信息的专用车载嵌入式计算机，通过车载以太网与列车头尾两个车载控制器连接。DMI 是车载控制器与列车司机的接口，根据车载控制器请求，通过声音、图像等方式将列车运行状态和辅助驾驶信息通知列车司机，从而辅助司机驾驶列车。

（5）车载网络

车载网络包括交换机和中继器。

CC 子系统采用独立的工业级车载交换机构建冗余的以太网（红网和蓝网），列车每端两个，全车一共四个交换机。

中继器放大以太网信号。因为 ATC 网络均为冗余的，每条线路有两个中继器。

第二节　LCF-300型CBTC系统的车载设备

一、系统结构

LCF-300型CBTC系统的组成如图4-8所示。

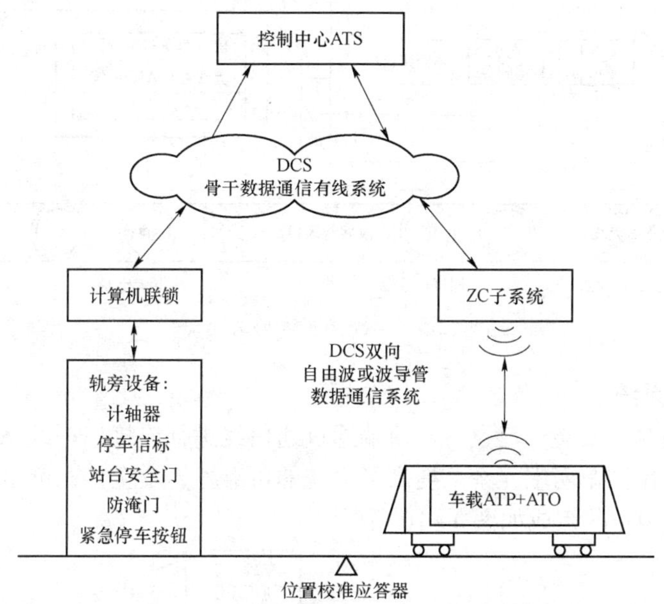

图4-8　LCF-300型CBTC系统的组成

LCF-300型CBTC系统的车载设备包括：车载ATP系统、车载ATO系统、车载无线设备等。

二、VOBC系统

VOBC系统包含车载ATP系统（含数据记录系统）、车载ATO系统和MMI系统。

1. LCF-300型CBTC车载系统的特点

LCF-300型CBTC车载系统的特点有：

① 能获得最佳的行车间隔。由于使用了无线系统进行车地间的双向连续通信，实现对列车的连续监控，列车通过实际位置进行分隔。

② 通过列车自主定位，基于速度-距离监督曲线对列车提供超速防护，在保证列车安全的前提下有效缩短追踪距离。

③ 具有列车自动运行功能，能自动控制列车的起动、巡航、精确停车及车门和安全门的自动打开关闭，满足高效、节能、舒适的运营要求。

④ 正常模式下，与次级检测系统（计轴器）完全独立，次级检测系统也用于降级模式。

⑤ 使用一套驾驶台的屏幕显示，能显示列车的各种运行数据，并为司机提供辅助驾驶信息。

⑥ 提供完备的数据记录和故障诊断功能，便于系统的维护、维修。

2. LCF－300 型 CBTC 车载系统的构成

车载控制系统将安装在每列车的两端，两端的车载设备配置完全一样，两端设备通过通信线互连，可以实现它们之间的通信及无线通信的双路冗余。

一端的车载设备构成如图 4－9 所示。应答器车载查询器（BTM）、无线通信系统 DCS、车载 ATO 系统及车载 ATP 系统安装于车载支架中。

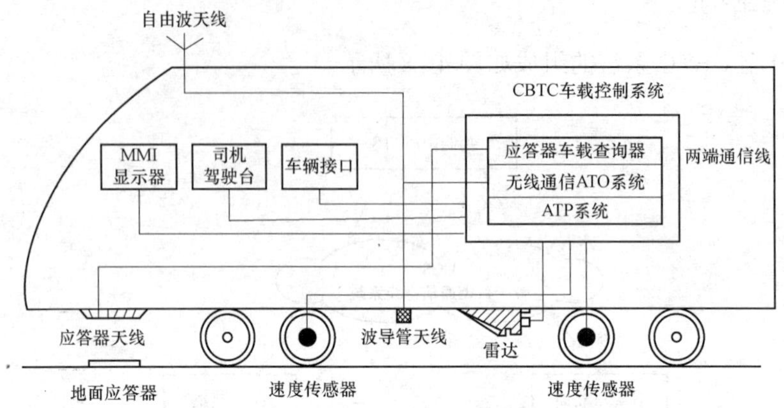

图 4－9　一端的车载设备构成

3. 车载 ATP 系统

在列车头尾两端各安装一套设备，两端通过通信线进行连接。车载 ATP 系统采用了三取二技术，无须采用列车两端冗余，提高了系统的可靠性、安全性、可用性。车载 ATP 系统为 3U＋6U 的结构，其组成如图 4－10 所示。

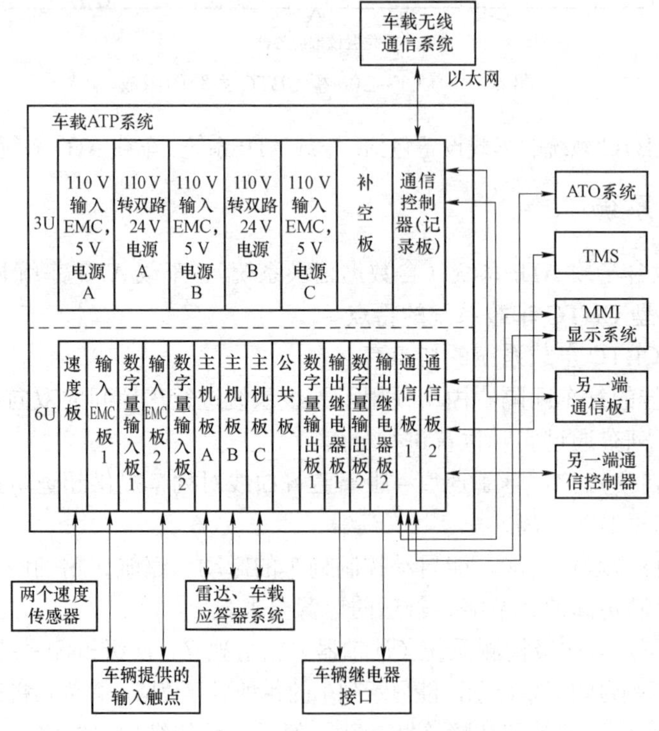

图 4－10　车载 ATP 系统的组成

根据 IEC 61508 标准，选择三取二结构来完成容错、安全的车载运行控制功能。系统具有三路独立的输入、输出、主处理单元，每路的电源也独立设置。对外的输入、输出 24 V 电源采用双重冗余的方式提供。

对于数字量、模拟量、脉冲量输入信号，可以采用多重模块结构的输入接口电路，即输入的传感器信号分成三路，直接送入三个通道的信号调整、隔离电路，然后分别通过扩展总线送到三个运算处理单元。

对于数字量输出，采用三取二表决器输出方式，当三个运算处理单元输出的自诊断看门狗信号，分别通过动/静信号变换电路变换后，也进行三取二表决，其输出控制数字量输出表决器的电源供给来保证故障—安全控制，如图 4－11 所示。

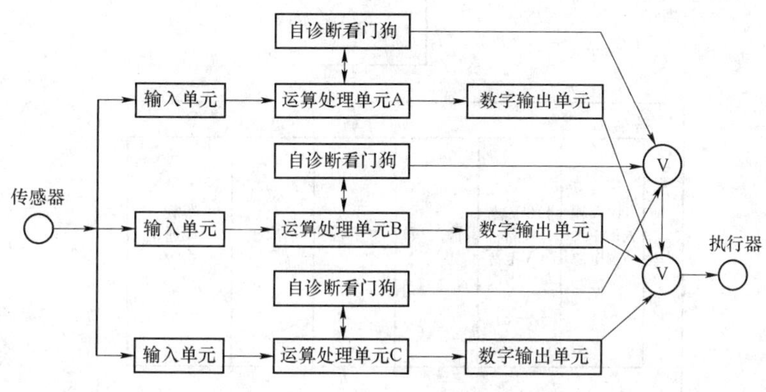

图 4－11　三取二结构的输入和数字量输出结构

三个运算处理单元之间必须保持同步，才能完成三取二容错处理功能。同步主要有时钟级同步和任务级同步两种。时钟级同步缺点较多，目前应用很少。任务级同步最大的优点是对共模错误抑制能力高，目前在容错系统中广泛应用，它将控制程序分成若干任务，分别在每个任务之后通过通道间通信总线交换同步信息，由软件完成同步功能，为此付出的软件处理资源很大，对通道间通信总线的通信速度要求较高。考虑软件的工作量和可靠性，采用软件设置任务工作周期，硬件设置三重冗余时钟基准，多个工作周期通过三重冗余时钟基准校正一次同步。由于主处理板的时钟频率很高，能够保证三个主处理板工作周期非常准确。在每个工作周期里，系统顺次完成如下工作：信息输入、输入信息的三取二表决、应用处理、运算结果等信息的交换、输出结果软件三取二表决、输出命令。系统同步校正脉冲来自冗余时钟电路，冗余时钟电路采用三重冗余方式。三个通道的运算处理单元之间的同步不但依靠于同步校正时钟，也依靠于它们之间的通信。上述连接中任意一个故障也不会影响三个运算处理单元之间的正常通信，既提高了系统的通信吞吐能力，又符合三取二结构的三组独立系统通信总线的要求，提高了系统通信总线的可靠性。

整个三取二系统的对外通信口是两个独立的通道，在运算处理单元内，对外输出的通信信息已经经过了表决处理，在外部通信单元 1、2 上还将再次进行通信信息的表决，保证整个系统对外的通信信息输出是可靠的、安全的，而且任意一个外部通信单元故障，系统都能够保证正常运行。

车载 ATP 系统实现与车辆制动装置的可靠相接，保证对列车实施连续有效的控制。车载 ATP 系统向车辆监控设备提供控制车辆牵引及制动信号执行终端的监控接口。

4. 车载 ATO 系统

车载 ATO 系统为 3U 结构（与车载无线通信系统处于同一个 3U 插箱中），系统的结构如图 4-12 所示。车载 ATO 系统主要完成的是非安全功能，故未采用冗余设计，但若处于人工驾驶模式或不满足车载 ATO 系统的启动条件，即使车载 ATO 系统故障，车载 ATP 系统也能将车载 ATO 系统所有的输出切除掉，使车载 ATO 系统不会干扰司机的正常驾驶。当车载 ATO 系统在运行过程中发生故障，车载 ATP 系统也能立即发现，并将立即切除车载 ATO 系统的控制，保证系统的安全。

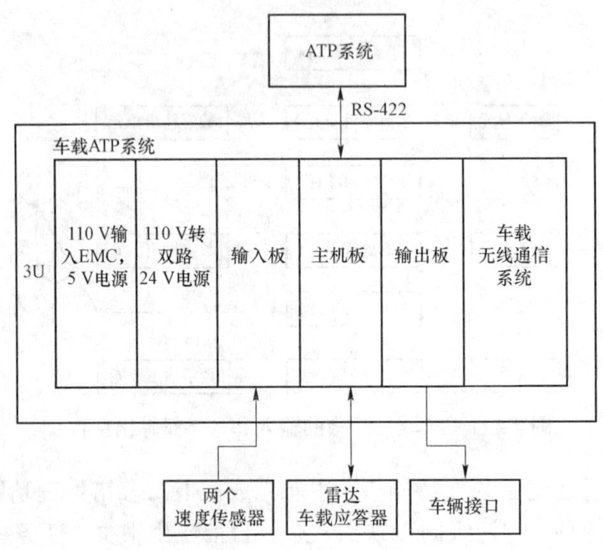

图 4-12　车载 ATO 系统的组成

5. 车载记录系统

车载记录系统是一块 3U 标准大小的电路板，以 PC104 系统为核心，位于车载 ATP 系统插箱中。车载记录系统主要实现各子系统（含 ATP 系统、ATO 系统、MMI 系统、无线通信系统）的运行数据和故障报警数据的记录，可通过 USB 接口将数据转储到地面计算机进行后续的分析处理，通过 RS-232 接口可在线输出各子系统的故障报警数据，以便维护人员进行在线诊断、维修。

6. 车载无线通信系统

在列车的两端均安装无线自由波与波导管网络设备，包括无线接收的天线和波导管的接收天线，每端安装两个天线用于天线分集。两端的无线网络设备分属于两个独立的无线网络系统，任意一个网络发生故障，整个系统均能够继续保持正常工作。无线网络系统与 ATP 系统进行双向通信。

7. MMI 系统

MMI 系统是显示单元，为带触摸屏的 10.4 英寸显示器。司机可以通过 MMI 显示器查看列车当前的运行状态，通过触摸屏进行操作及设置某些参数。

8. 应答器车载查询器（BTM）

列车的两端都安装欧标的应答器查询器及天线，接收系统有四块通信板与车载 ATP 系统的三个主机及 ATO 主机通过 RS－422 接口分别相连。应答器接收系统还提供 ATTENTION 信号以便通过应答器对列车当前的位置进行精确的校准，车载设备利用应答器信息还可以获得列车当前的运行方向。在以点式级别运行时，车载设备可以通过可变应答器获得点式下的移动授权。通过接收地面点式环线的信息，车载设备还可以对红灯时司机的误出发进行防护。

9. 速度传感器

列车的两端分别安装两个 DF16 型速度传感器，速度传感器提供速度脉冲信息，经处理后由 ATP 系统和 ATO 系统进行速度、方向和走行距离的计量，其中一个传感器故障不影响系统的正常工作。

速度传感器安装在无动力的滚动轮轴上，两个速度传感器安装在不同的转向架上，分别安装在第 2 轮对和第 3 轮对上，也可以安装在列车的两侧。

10. 雷达

为了能够对列车的速度和位置进行精确测量，防止列车空转打滑的影响，在列车的两端分别安装了一个雷达传感器，采用的是 DRS05 雷达。雷达安装在列车底部，雷达和道床反射面之间的距离为 500～1 000 mm。雷达必须安装在轨道扣件的上方，靠钢轨的内侧。

11. 与地面系统接口

车载系统与地面系统通过冗余的无线通信网络，采用安全通信协议进行通信。

（1）VOBC 和 ZC 之间的信息交换

ZC 和 VOBC 之间的双向信息交换构成了列车移动闭塞运行原理的基础。

ZC→VOBC 的信息有：ZC 的 ID；ZC 对列车申请信息的应答；数据库版本号信息；下一个登录 ZC（非周期提供）；列车识别号信息；停车保证查询信息；PSD、EMP 状态、临时限速信息（包含在 MA 信息中）。

VOBC→ZC 的信息有：列车的运行信息（申请 MA、注销、切换）及类型（通信列车/非通信列车）；列车的位置信息（包括非安全车头、车尾信息，以及列车的测距误差等与计算安全位置相关的信息）；列车的速度信息、运行方向、车门信息；列车完整性标识；列车紧急制动状态信息；列车停车保证信息；列车停稳信息、列车站台准确停车信息；VOBC 维护/诊断信息。

（2）VOBC 和 CBI 之间的信息交换

CBTC 系统支持一个到 CBI 的双向接口，以进一步优化列车的运行。

车载 ATP 系统→CBI 的信息有：安全门打开、关闭命令。

CBI→车载 ATP 系统的信息有：安全门状态。

（3）车载 ATP 系统和 ATS 系统之间的信息交换

CBTC 系统支持一个到 ATS 系统的双向接口，以进一步优化列车的运行。

车载 ATP 系统→ATS 系统的信息有：列车位置、列车识别号、列车任务号、列车运营状态信息、VOBC 维护/诊断信息。

ATS 系统→车载 ATP 系统的信息有：分配的列车识别号、分配的列车任务号、列车停站时分、列车下一站、列车目的地、跳停命令、扣车命令。

第三节 MTC－Ⅰ型 CBTC 系统的车载设备

一、MTC－Ⅰ型 CBTC 系统的总体架构

MTC－Ⅰ型 CBTC 系统的总体架构如图 4－13 所示。

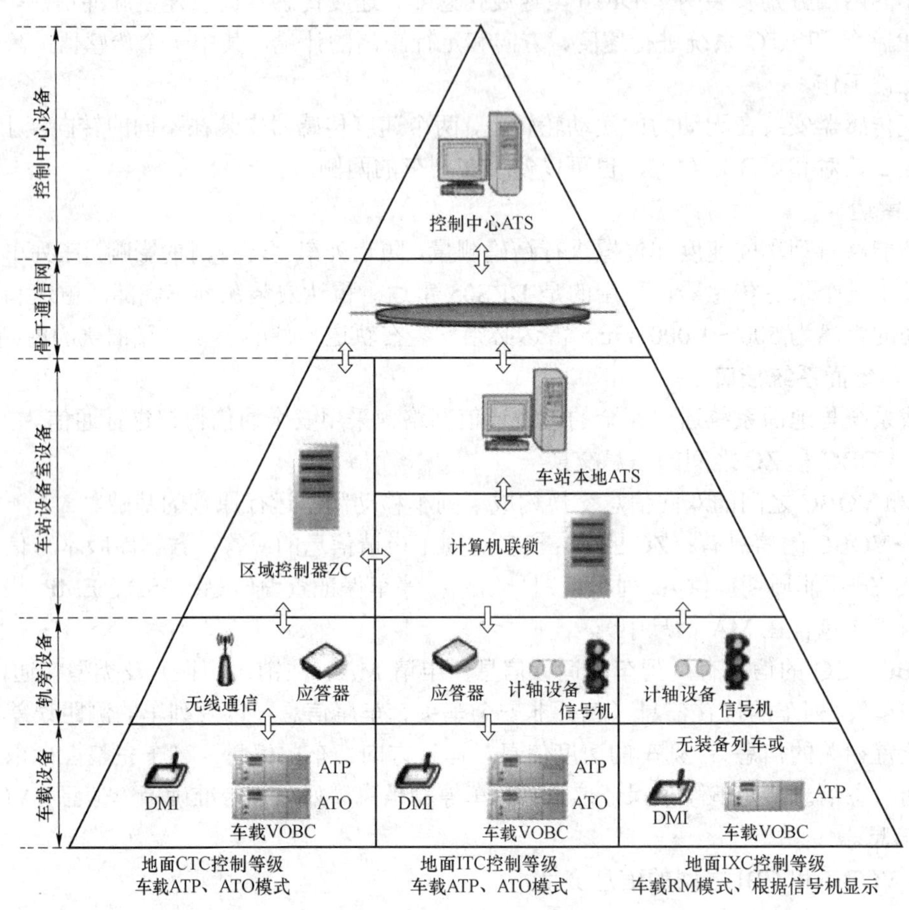

图 4－13 MTC－Ⅰ型 CBTC 系统的总体架构

MTC－Ⅰ型 CBTC 系统总体架构分为五层。

① 中央控制层：指控制中心的 ATS 系统。

② 通信层：提供 OCC 与轨旁设备间的网络通信和轨旁与车载之间的点式与连续式无线通信。

③ 车站层：包括车站 ATS 分机、计算机联锁、区域控制器、信号监测等设备。

④ 轨旁层：包括无线通信设备、计轴设备、应答器、信号机、转辙机、紧急停车按钮等。

⑤ 车载层：包括车载ATP、车载ATO、人机接口、车载无线通信、测速等模块。

MTC－Ⅰ型CBTC系统主要由以下子系统组成：

① 由中央和车站本地控制设备组成的FZy型ATS系统。

② ATP系统，包括二乘二取二冗余架构的车载VOBC和轨旁ZC设备。

③ 基于CPCI工业计算机平台的ATO系统。

④ 符合故障—安全原则、高可用性的TYJL型计算机联锁系统。

⑤ 基于同步数字体系（SDH）骨干通信网和802.11g车地无线通信网构建的DCS。

⑥ 进行系统设备维修信息收集、管理的TJWX型计算机监测系统。

二、车载系统

1. 车载ATP系统

车载ATP系统的架构如图4－14所示，按照安装端头不同，可以划分为近端（本端）和远端。近端和远端设备配置完全相同，核心控制部件独立，采用了与计算机联锁系统相同设计理念的二乘二取二安全冗余方式，包括速度传感器、测速雷达、应答器车载查询器（BTM）在内的外围传感器则采用了双端现场总线网络共享方式。

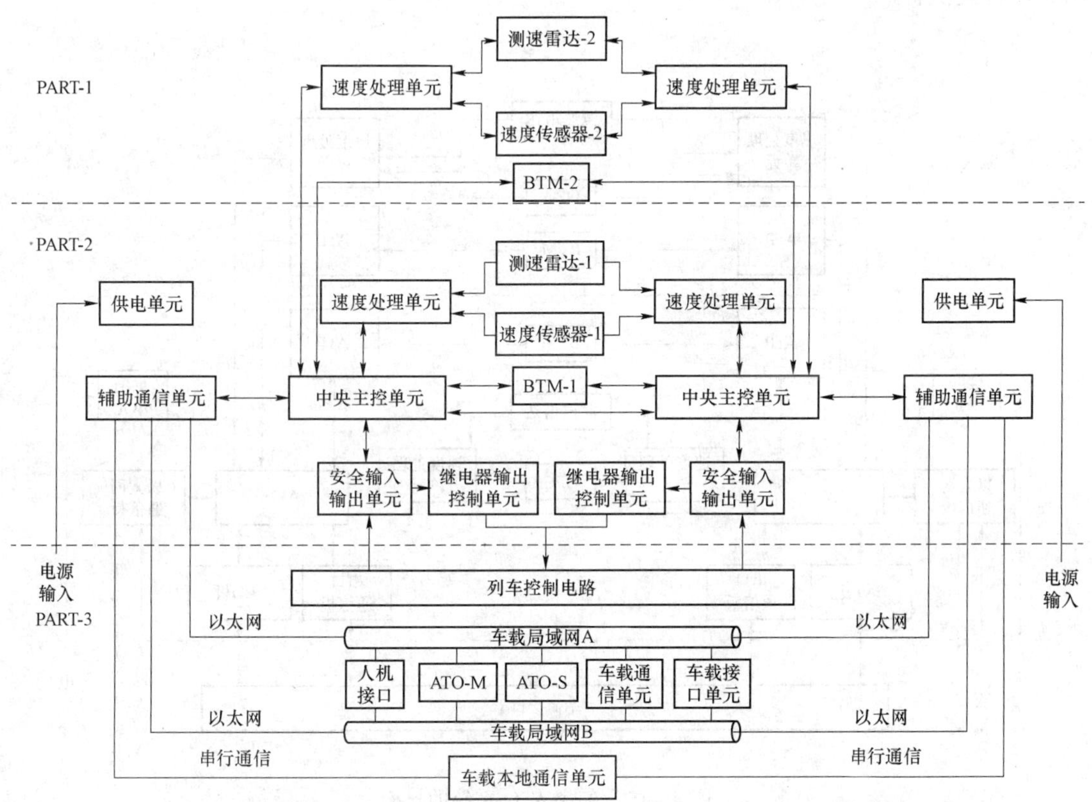

图4－14　车载ATP系统的架构

车载 ATP 系统可以分为主系（ATP－M）、从系（ATP－S）和共用的传感器三部分。其中主系和从系组成二乘二结构，有各自独立的电源输入、传感器输入和列车状态采集输入。主系和从系的继电器输出控制单元也是独立的，与列车控制电路的接口采用并联的方式，保证主系与从系任意一系正常工作的情况下控制命令都可以得到执行。传感器部分为主系与从系共同使用，由主系与从系双系冗余供电，传感器部分提供给主系与从系的数据为单独通道，避免共模失效。

2. 车载 ATO 系统

车载 ATO 系统在列车两端司机室内各设一套，设备配置完全相同，核心控制部件独立，每端设备都采用双机热备冗余结构，传感器双端共享。系统通过与车辆控制系统和车载其他信号系统部件（ATP、TRU、DMI、TIU）等的接口实现对列车运行状态的采集、列车速度控制曲线的生成等功能。车载系统采用的多种冗余设计，具体体现在：单端双机热备冗余、双端测速冗余、双端定位冗余、通信网络冗余等。

车载 ATO 系统的架构如图 4－15 所示，是由主系（ATO－M）、从系（ATO－S）组成的双机热备冗余架构，传感器为共用部分。其中主系和从系组成热备结构，有各自独立的电源输入、传感器输入和列车状态采集输入。主系和从系的继电器输出控制单元也是独立的，与列车控制电路的接口采用并联的方式，保证主系与从系任意一系正常工作的情况下控制命令都可以得到执行。

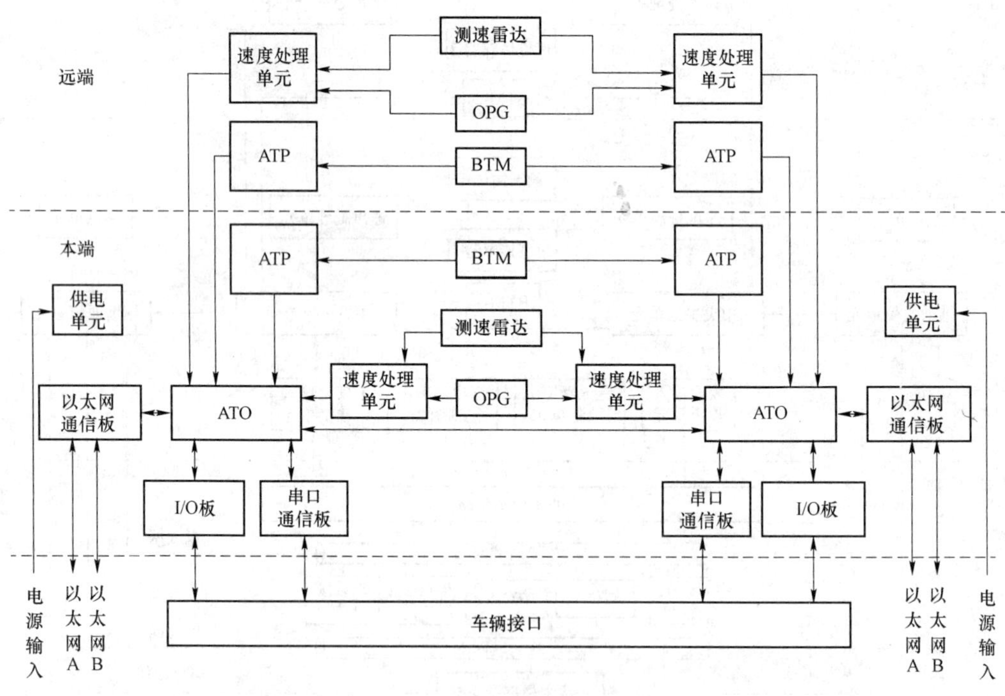

图 4－15　车载 ATO 系统的架构

车载 ATO 系统采用工业标准 CPCI 设备。两系采用独立的硬件结构，包括 CPU 板、I/O 板、以太网通信板、串口通信板、电源板及母板，以及专用车载交换机等，各部件之间通

过 CPCI 总线连接。CPCI 系配置如图 4－16 所示。系统采用定制化的实时 Linux 操作系统。

ATO A系							ATO B系					
电源板	MVB板	串口通信板	输入输出板	以太网通信板	CPU板	网络交换机	电源板	MVB板	串口通信板	输入输出板	以太网通信板	CPU板

图 4－16　CPCI 系配置

注：若 A 系作为主系，则 B 系为从系；若 B 系作为主系，则 A 系为从系。

第四节　西门子 CBTC 系统的车载设备

一、系统结构

西门子 CBTC 系统由 VICOS、SICAS、TRAINGUARD MT 三个子系统组成。它们分为中央层、轨旁层、通信层、车载层四个层级，以便分级实现 ATC 功能。

中央层分为中央级和车站级。在中央级，实现集中的线路运行控制。在车站级，将车站控制和后备模式的功能提供给车站操作员工作站和列车进路计算机。

轨旁层沿着线路分布，它由 SICAS 计算机联锁、TRAINGUARD MT 系统、信号机、计轴器和应答器等组成。它们共同执行所有联锁和轨旁 ATP 功能。

通信层在轨旁和车载设备之间提供连续式和/或点式的通信。

车载层完成 TRAINGUARD MT 系统的车载 ATP 和 ATO 功能。

西门子 CBTC 系统的结构如图 4－17 所示。

二、TRAINGUARD MT 系统

TRAINGUARD MT 系统包括 ATP/ATO 系统和通信设备。

ATP/ATO 系统分为轨旁单元和车载单元。轨旁 ATP 系统与联锁系统、ATS 系统、列车（经过轨旁到列车通信系统）及相邻的 ATP 系统有双向接口。通过轨旁到列车的通信网络，在轨旁单元和车载单元之间建立了双向通信。

在车载结构中，两个相互独立的无线系统的列车无线单元（TU）分别安装于列车前后的司机室内，作为轨旁无线单元（AP）的通信客户端。这两个 TU 通过一个点对点的以太网连接，不间断地相互通信。同时，这两个 TU 分别连接到列车前后的列车控制系统，如图 4－18 所示。

无线通信系统的结构如图 4－19 所示，可见，无线通信是通过 AP 和 TU 进行的。

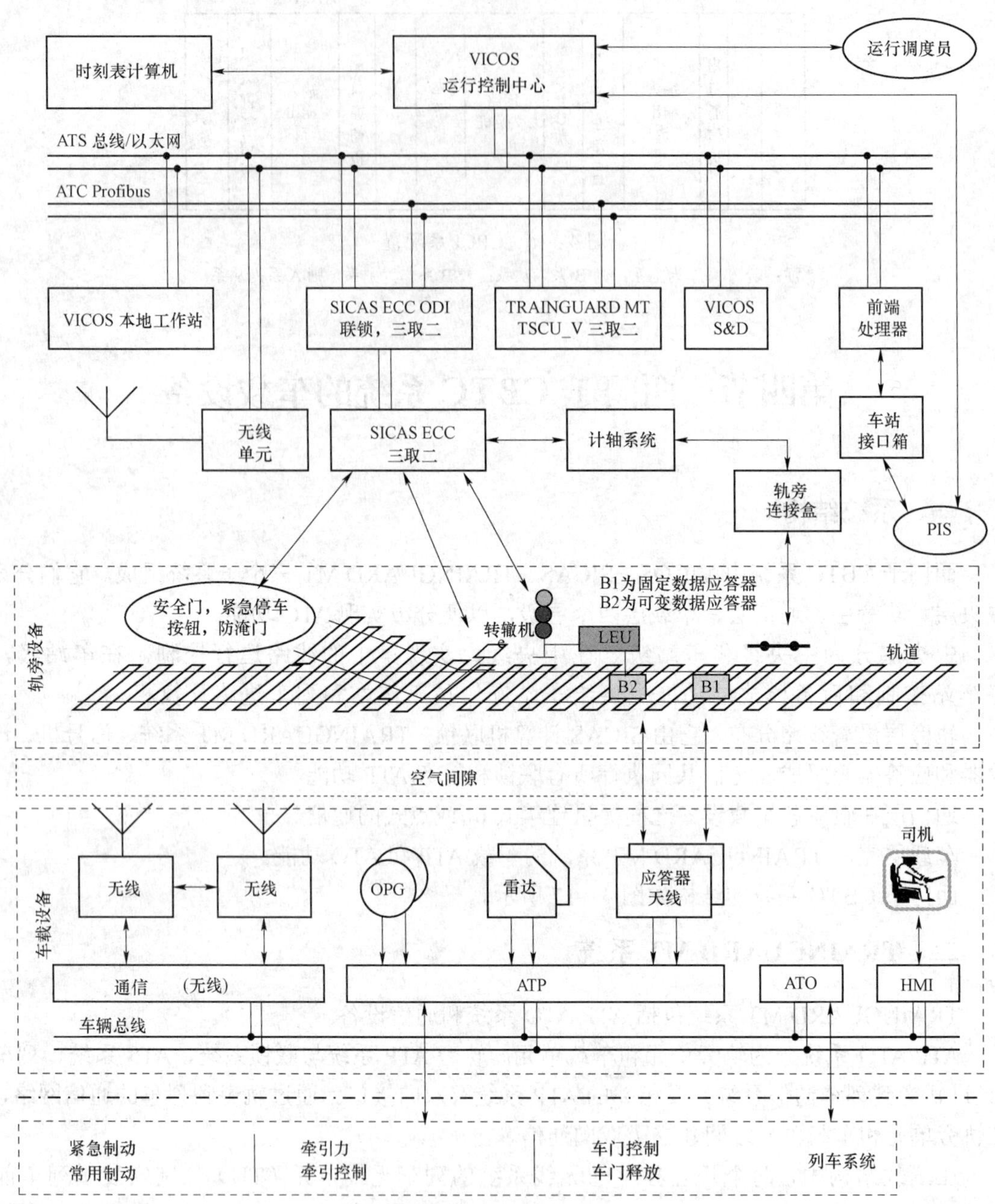

图 4－17　西门子 CBTC 系统的结构

ECC—元件接口模块；ODI—操作/显示接口；OPG—速度脉冲发生器；

HMI—人机接口；LEU—轨旁电子单元；S&D—服务和诊断；

TSCU_V—轨旁安全计算机单元

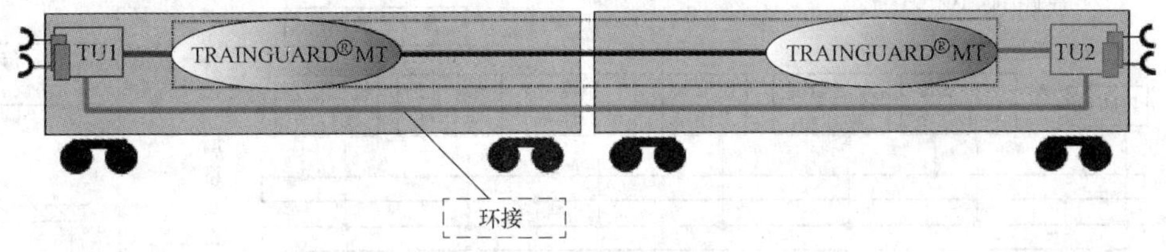

图 4－18　车载通信链路

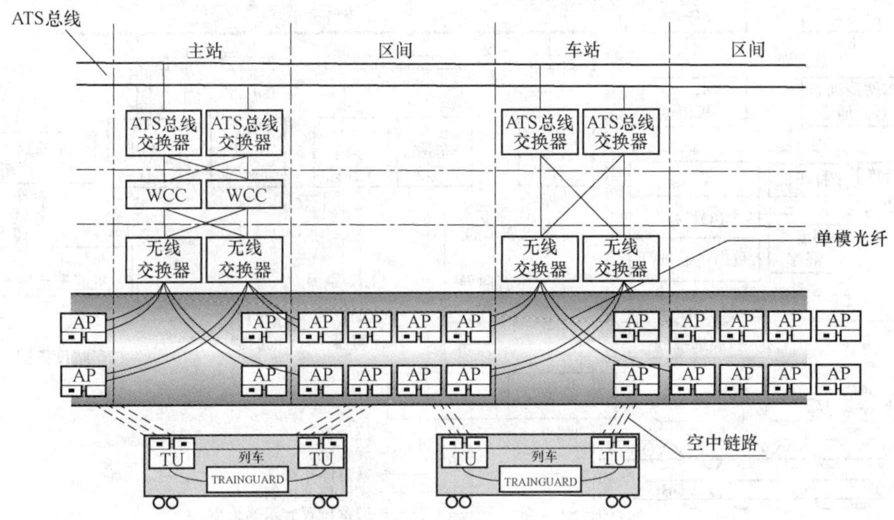

图 4－19　无线通信系统的结构

WCC—轨旁通信控制器；AP—轨旁无线单元；TU—列车无线单元

在列车上，两个列车单元中的每一个使用两个相互独立的TU，通过空中链路冗余地连接到AP。同时，两个列车单元通过空中链路连接到不同的AP，提供了冗余和多样性。

第五节　SelTrac S40 型 CBTC 系统的车载设备

一、基于感应环线通信的 SelTrac S40 型 CBTC 系统

基于感应环线的 SelTrac S40 型 CBTC 系统是一个充分综合了 ATP 和 ATO 功能的集中式系统，使用安全的编程计算机系统和高完整性遥测技术，来保持控制中心和列车之间的通信联系，由此对列车位置进行连续监控，以及根据情况来控制列车运行。系统可以划分成三个主要控制层：安全的车辆和轨道设备控制层、安全的遥测和车载控制器应用层、非安全监督控制层（管理层）。

1. 系统组成

基于感应环线的 SelTrac S40 型 CBTC 系统框图如图 4－20 所示，由系统管理中心（SMC）、车辆控制中心（VCC）、车载设备、车站控制器（STC）、感应环线通信设备、车辆段设备、车站发车指示器、站台紧急停车按钮、接口等设备组成。

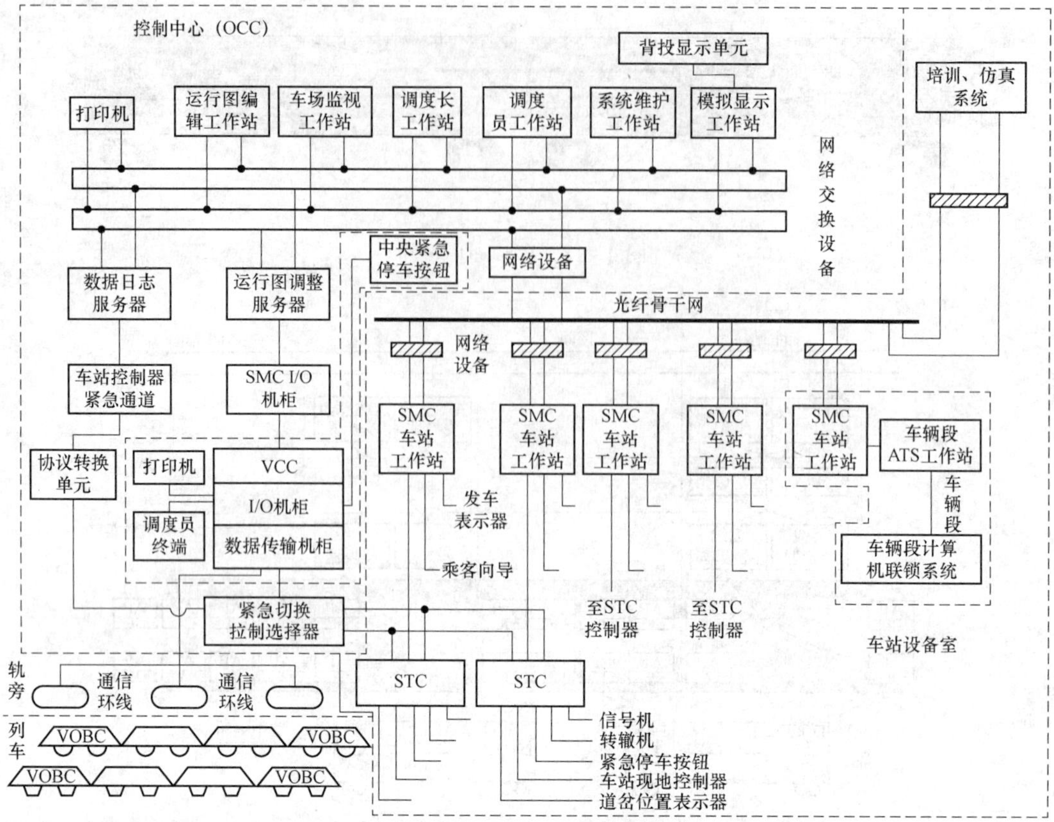

图 4－20　基于感应环线的 SelTrac S40 型 CBCT 系统框图

2. 车载 ATC 设备

车载 ATC 设备主要包括：车载控制器（VOBC）及其外围设备。

（1）车载控制器

每列车两端都安装有 VOBC，互为热备冗余。每套 VOBC 的 8085 双重处理器的一致性被持续监控，一致性的丢失将使单元无法使用。该单元可以支持 3 节编组列车的运行，负责列车管理的各方面，包括跟踪和报告列车位置，在多节车厢的列车上安装任何 VOBC 都能够履行 ATC 系统的要求，并采用安全的编程技术来进行编制。

VOBC 由电子单元（EU）、接口继电器单元（IRU）、供电单元等组成。EU 包括天线滤波器、高频接收器、数据接收器、数据发送器、高频发送器、定位计算机、双 CPU 处理单元、输出/输入端口、发送/接收卡、车辆识别卡、输出继电器、距离测量控制、转速表放大器等。IRU 包括：继电器面板、滤波/防护模块、EU 与 IRU 的互连电缆等。

VOBC 接收车辆控制中心发来的目标停车点信息，车载计算机根据允许运行的距离、所在区段的线路条件及列车的性能等，不断地计算运行速度，自动地完成速度控制。

VOBC 和车辆控制中心（VCC）之间的有效连续通信是通过轨旁环线来实现的。该环线采用 FSK 传输系统，使用 36 Hz 和 56 Hz 的载频、曼彻斯特Ⅱ编码系统的 40/80 b 报文。除列车位置和目标点信息之外，VOBC 和 VCC 之间的信息交流还包括最大线路速度、最大常用制动率、线路坡度和车辆状况。诸如车门/安全门开/关门允许、启动/解除紧急制动和列车

出发的指令，都以相似的安全（VITAL）方式处理。

与其他许多ATC系统不同，该系统的车载单元不包括任何固定的线路地形数据，VOBC实际上就只充当了一个复杂的闭环控制器，按照由VCC和车载传感器发出的激励信号以最优方式操作列车。

① 确保列车安全运行：

VOBC完成车载ATP/ATO功能。VOBC不断地与VCC进行通信，在ATP系统保护下进行牵引、制动及车门控制。对超速、目标点冒进及车门状态进行安全监督以确保列车在允许的包络线内运行；当无法继续安全运行时，自动实施紧急制动。

VOBC负责列车在VCC控制区域的自动运行，每列车装有主/备两套VOBC，每端一套，VCC命令其中一套激活工作，另一套处于备用模式，备用VOBC监督工作中的VOBC是否正常工作，如果出现故障或VCC命令切换时，备用立即接管工作，激活的备用VOBC负责车载ATP/ATO功能。正常情况下，激活的VOBC与列车前部显示盘TDD通信，当VOBC故障时，备用VOBC激活并与列车前部显示盘TDD通信。

在一列车和VCC之间通信中断的情况下，系统实际上会丢失列车位置的相关信息，并不能再对列车的位置进行控制。这时，为保持列车间的安全间隔，VOBC可以通过编程来检测通信故障，并启动列车紧急制动。同时，VCC 也将作出反应，阻止该列车继续前进。然而，如果没有辅助列车检测装置，就无法对仍然存在故障的列车的移动情况进行检测。

为解决这一问题，可采取改进措施，增加一个叠加的计轴器固定闭塞系统，它与车站控制器系统相接，对正在线路上运行的任何无通信列车进行追踪。一旦列车失去通信，系统将使用计轴器闭塞分区报告列车位置。目标点的设置采用中央人工进路（MRR）方式实现，运营能力与传统固定闭塞系统的方式类似，对列车进行信号机保护，以便使故障列车撤离服务区。

② 确保列车的定位精度：

VOBC的定位，以敷设于轨道间的感应环线上的信息和安装于车辆轮轴的转速表的信息为基础，每段感应环线都有对应的环线编号，即VOBC通过感应环线编号及计算从每个环线起点开始的环线交叉点，给线路上的列车初步定位。更进一步的精确定位，要通过转速表来测量列车从上一个交叉点开始所走行的距离来实现。VOBC传送到VCC的列车位置分辨率为6.25 m，它是根据感应环线25 m交叉一次，以25 m除以4，作为VOBC向VCC传送列车所在位置的数据，VOBC与安装在列车底部的加速度计、测速计、天线等配合，能识别和处理列车车辆的打滑、空转，并进行车轮轮径的补偿。

③ 解码与编码：

VOBC对发自VCC的命令进行解码，并控制列车不超出VCC指令的速度和距离界限；同时向VCC传送列车位置、速度、行驶方向及VOBC状态等数据。VOBC的校核冗余微处理器，通过冗余性、合理性和一致性校核，测试来自VCC的报文，然后进行解码，VOBC只对发给自己的报文作出反应。

（2）VOBC外围设备

VOBC外围设备包括：天线，每个VOBC设两个接收天线和两个发送天线；速度传感器，每个VOBC设两个速度传感器；司机显示盘（TOD），每列车设置两套。

（3）接口

信号系统内部接口包括：人机接口、主系统内部间的接口等。

信号系统外部接口包括：与无线通信系统的接口、与乘客向导系统（车上）的接口、与车辆的接口、与车辆管理系统的接口等。

3. 感应环线通信系统

通过感应环线通信系统，VCC 可以保持与 VOBC 间连续通信。

感应环线数据通信是VCC和VOBC之间交换信息的手段，为了进行准确和可靠的数据通信，与传输数据所伴随的冗余位，保证了被干扰的数据不被接受，即通过在所有包含安全信息的数据信息中，使用循环冗余校验（CRC）来实现。另外，传输的数据被周期性更新。

交叉感应环线与车载控制信息之间进行双向数据通信。VCC 呼叫区域内的每一列车，并从每一个 VOBC 得到信息，通过“通信安全性测量”来保障车地通信的可靠性和安全性。

（1）车地通信频率

车到地的通信使用的频率为 56 kHz。

地到车的通信使用的频率为 36 kHz。

（2）VCC 到 VOBC 命令报文

报头用于确定报文的开始部分。

CRC 码提供信息质量/完整性的检查。

信息内容包括：VOBC 所在环路编号、列车运行目标点、运行方向（上行/下行）、车门控制（开/关，左/右）、最大速度、VOBC 编号、VOBC 启动/备用命令、用于慢行区的目标速度、使用非安全码向 VOBC 传递特殊数据、制动曲线、停车、列车编号、车载乘客广播信息号、下一个目的地（车站或轨道区段）、紧急制动控制、当前位置的平均坡度、来自 SMC 的特殊 ATC 机车显示信息等。

（3）VOBC 到 VCC 的状态报文

报头用于确定报文的开始部分。

CRC 码提供信息质量/完整性的描述。

信息内容包括：VOBC 编码、列车操作模式、紧急制动状态、车门状态（开/关）、列车完整性状态、VOBC 启动/备用、VOBC 所在地实际环路的编号、运行方向（上行/下行）、列车所在环路的位置、实际速度、故障报告（例如，自动门切换位置、ATP 倒车状态、无人驾驶状态）等。

二、基于无线通信的 SelTrac S40 型 CBCT 系统

基于无线通信的 SelTrac S40 型 CBCT 系统（简称无线 SelTrac S40 系统）是采用无线空间天线方式的 CBTC 系统。

1. 系统结构

无线 SelTrac S40 系统为分布式结构，是以列车为中心的系统。它的一般结构包括控制中心层、有线（光纤）通信层、无线通信层、车站控制层、无线通信层、车载设备层。调度控制中心层主要是中央 ATS，有线（光纤）通信层主要是数据通信系统（DCS），车站控制层主要是区域控制器，车载设备层包括车载控制器和司机操作显示单元。

无线 SelTrac S40 系统的设备组成如图 4－21 所示，包括控制中心设备、有线通信网、车站设备、车载设备、无线通信网、车辆段设备、试车线设备。

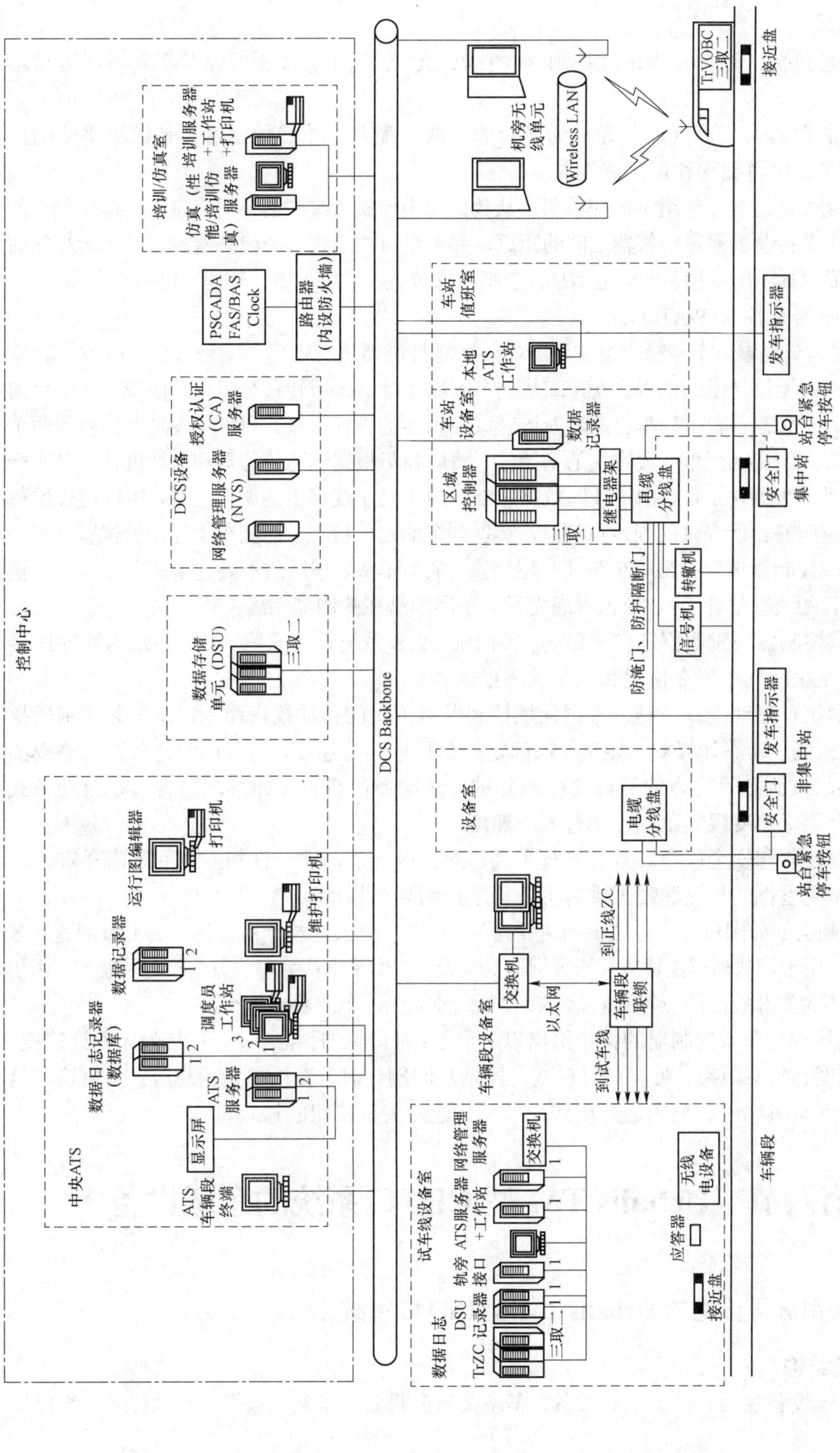

图 4－21　无线的 SelTrac S40 系统的设备组成

DCS—数据通信系统；Backbone—骨干网；Wireless LAN—无线局域网；ZC—区域控制器；Clock—时钟

2. 车载设备

车载设备包括：一个三重车载控制器（TrVOBC）、两个移动无线设备和两个司机显示盘（TOD）。

车载控制器具有三台处理单元，为冗余的三取二配置。车载控制器也是模块化结构，具有可再配置、可再编程和可扩展性。

车载控制器通过检测轨道上的应答器，从数据库中检索所收到的数据信息，以建立列车的绝对位置；车载控制器测量应答器之间的距离，并测量自探测到一个应答器后，列车所行驶的距离。数据库包括了所有相关的轨道信息，包括道岔位置、线路坡度、限速、停站地点等。

车载控制器具备 ATP/ATO 功能：

① 确定列车位置。车载控制器主动开始与区域控制器进行通信。当列车进入区域控制器的控制区域时，无论是刚刚进入系统，或从一个区域控制器区域转移至另一个区域，列车会向区域控制器发送信息，表示列车已经进入该区域控制器的管辖区域。列车在线路上检测到两个相邻的应答器，便实现列车位置定位的初始化。然后列车根据测速传感器和加速度计，对运行过程的距离进一步细化定位，由于线路数据库唯一地定义了线路上的所有位置，所以运行过程中检测到轨道应答器所提供的同步点信息，实现列车的定位校正。而列车实际定位位置，应根据列车向区域控制器报告的列车车头和车尾位置，加上车头、车尾的不确定误差和在报告传输过程中的运行距离（估计），还应该考虑先行列车尾部潜在的倒溜距离。

② 车载控制器通过数据通信系统与控制中心 ATS 系统直接通信。ATS 系统周期性地接收从各列车发来的列车所在位置和列车状态报告。

③ 强制执行移动授权控制。根据区域控制器对列车的移动授权命令，由车载控制器执行移动授权控制，动态计算安全距离，以确定列车目标运行速度，监督由测速传感器测得的实际速度不超过到达目标点的目标速度，并进行防倒溜监督和障碍移动监督（在自动模式下）。在安全运行速度限制范围，调整列车速度。

④ 车门控制和安全联锁。只有当列车到达对位停车点，才允许相应侧的车门开启。

⑤ 列车完整性的检测和根据乘客舒适标准控制列车移动。

车载控制器的外围设备有：用于测速及列车定位的测速发电机（和加速度计）及测速（多普勒）雷达，用于确认列车位置应答器查询器及其天线，用于确认列车位置的接近传感器，用于提供绝对参考位置和校准的应答器，无线接收单元及天线，车载显示单元。

司机显示盘与车载控制器的接口给出以下显示：对司机的信息显示，包括最大允许速度、当前运行速度、到站距离、列车运行模式、停站时间倒计时、系统出错信息等；司机输入信息，包括输入司机编号、列车运行模式，以及其他开关、按钮的输入。

第六节　Urbalis TM 型 CBTC 系统的车载设备

一、采用波导传输的 Urbalis TM 型 CBTC 系统

1. 系统结构

信号系统设备包括：控制中心设备、车站及轨旁设备、车辆段设备、车载设备、维修管

理设备、试车线设备培训设备及其他设备。

采用波导传输的 Urbalis TM 型 CBTC 系统的总体结构如图 4－22 所示。

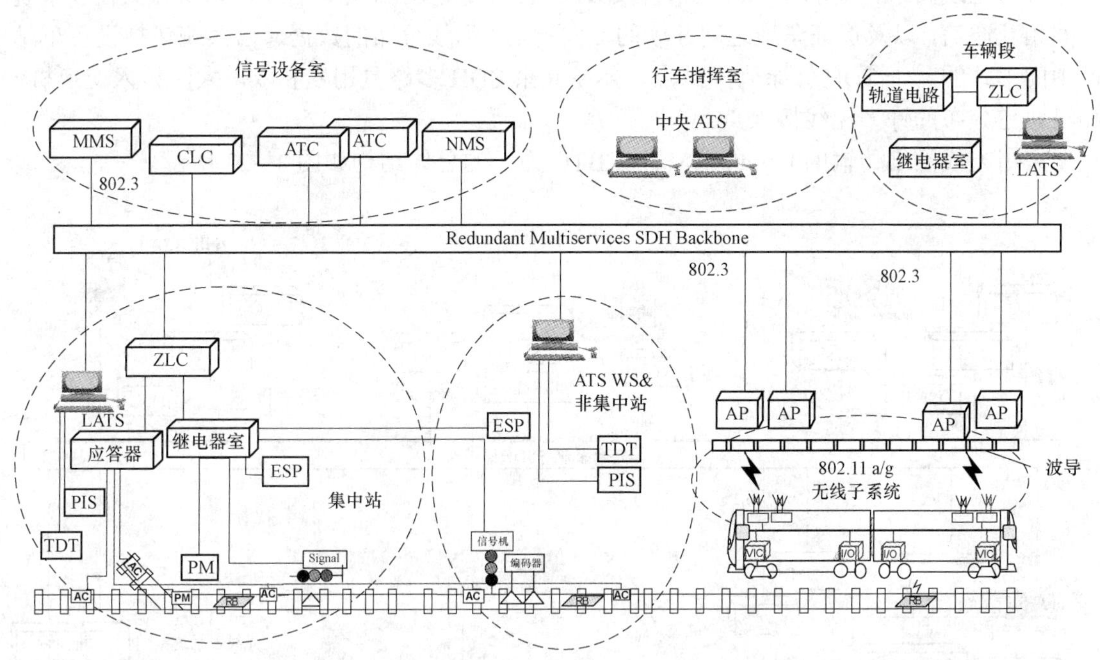

图 4－22　采用波导传输的 Urbalis TM 型 CBTC 系统的总体结构

TDT—列车发车计时器；PIS—乘客向导系统；ESP—紧急关闭按钮；ZLC—车站联锁；AP—接入点；NMS—网管系统；CLC—线路控制器；AC—应答器；Redundant Multiservices SDH Backbone—基于 SDH 多业务骨干网络；Signai—信号机；PM—转辙机；MMS—维护管理系统

2. 车载设备

每个司机室（每列车的车头和车尾）都有一套完整的车载 ATP/ATO 系统（ATP/ATO 和 I/O 模块、里程器、应答器天线）、司机 MMI、四个天线（两个用于波导传输，两个用于自由无线传输）和两个调制解调器（每个控制两个天线）。这两个车载 ATP/ATO 系统由在热备的冗余以太网连接。一列车可以由前方司机室根据车载系统的最佳可用性由前方 ATP/ATO 系统或后方 ATP/ATO 系统来控制驾驶。如果需要，前方 ATP/ATO 系统可以从后方无线装置获得轨旁信息。

3. 车地通信

Urbalis TM 型 CBTC 系统采用波导进行信息传输，使用 SACEM 编码策略，轨旁 ATP/ATO 系统与车载 ATP/ATO 系统进行无线连接。通信系统和协议是信息传输的关键。

列车防护是基于车载 ATP/ATO 系统每隔 400 ms 发送的定位报告。这些信息是安全保护的基础，因此使用 SACEM 协议对其进行保护。

从车载 ATP/ATO 系统向轨旁 ATP/ATO 系统或从轨旁 ATP/ATO 系统向车载 ATP/ATO 系统发送消息时，Urbalis TM 型 CBCT 系统使用 SACEM 编码策略与列车进行无线连接。

二、采用无线网络传输的 Urbalis TM 型 CBTC 系统

1. 系统结构

采用无线网络传输的 Urbalis TM 型 CBTC 系统使用 SDH 冗余骨干网，以确保各子系统之间相互通信，以及保证车地之间连续的双向通信。沿线分布的数据通信系统包括设备车站及中间车站的若干 SDH 冗余骨干结点（热备冗余 SDH 多路复用器和双以太网接入交换机）和沿轨道分布的许多无线接入点。

采用无线网络传输的 Urbalis TM 型 CBTC 系统的总体结构如图 4－23 所示。

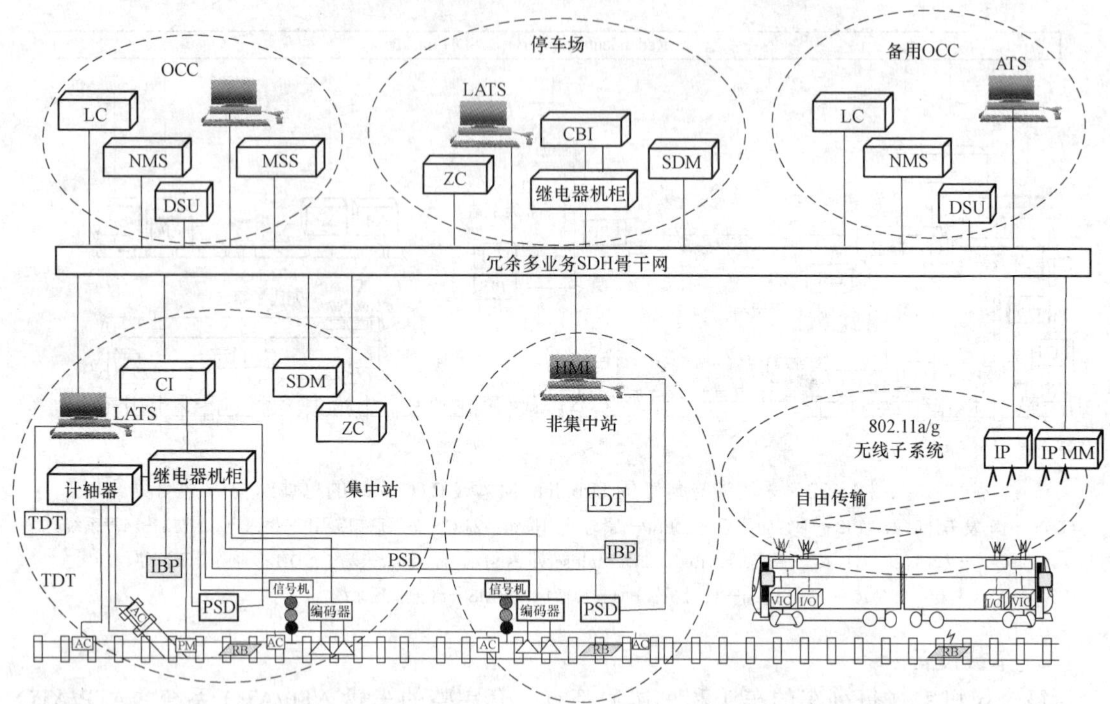

图 4－23　采用无线网络传输的 Urbalis TM 型 CBTC 系统的总体结构

2. 车载设备

Urbalis TM 系统的车载设备如图 4－24 所示。每列车上，设置了两台车载控制器和相关的输入/输出模块及适当的传感器，能提供热备模式下的 ATP 和 ATO 功能。

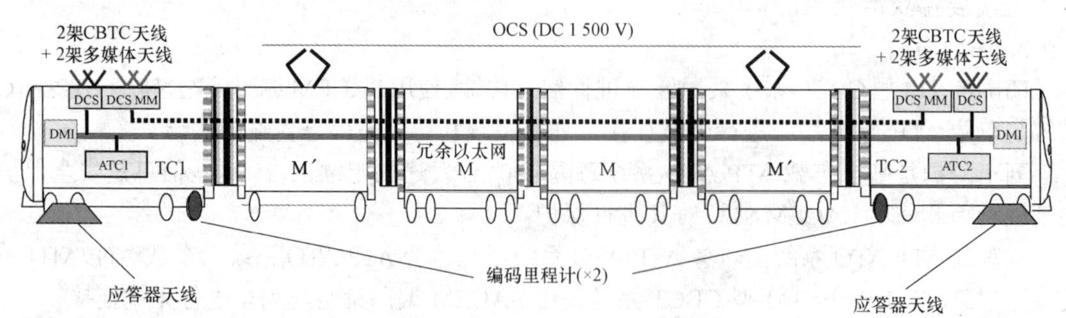

图 4－24　Urbalis TM 系统的车载设备

每辆列车内将安装一个蓝色无线调制解调器、一个红色无线调制解调器。每个车载无线调制解调器与位于列车顶部及与每个驾驶室前方附近的两架天线连接，如图 4－25 所示。

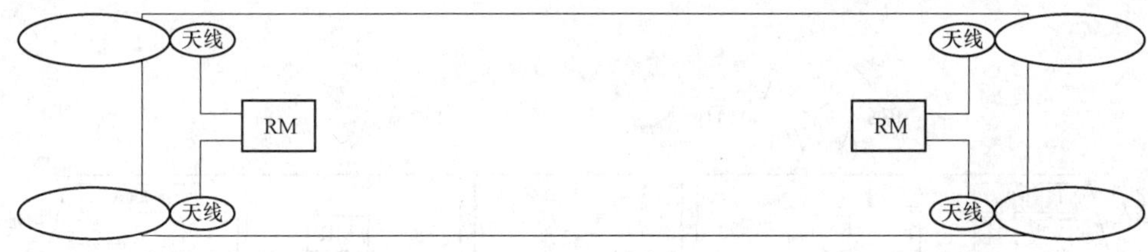

图 4－25　车载设备

第七节　USSI CBTC 系统的车载设备

一、系统结构

USSI CBTC 系统为分布式结构，如图 4－26 所示，由中央列车自动监控系统、区域控制器、数据存储单元、联锁控制器、工作站和车载控制器系统等组成。

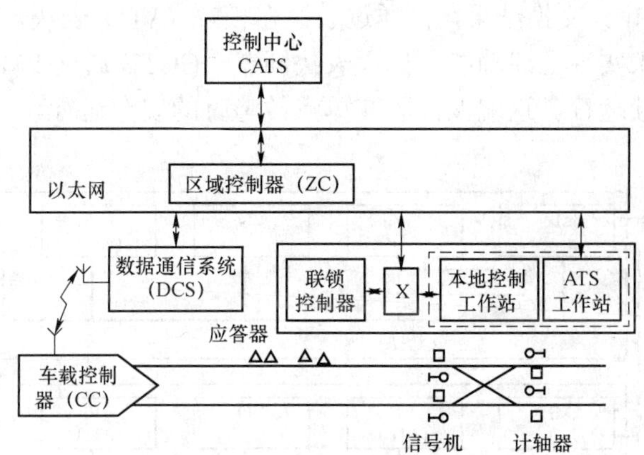

图 4－26　USSI CBTC 系统的结构

二、车载控制器系统

车载控制器（CC）系统包括基于微处理器的控制器、相关速度测量及位置定位传感器（在轨旁信标的辅助下）。车载设备与列车的各子系统相接，并通过 DCS 与区域控制器相接。车载控制器负责列车定位、允许速度执行、移动授权及其他有关的 ATP 和 ATO 功能。车载控制器采用三取二表决方式。每端的 ATO 有一套冗余的设备。如果一个 ATO 单元故障，同一端的另一个 ATO 单元将接替工作。切换是自动的（不影响列车运行），不需要人工干预。

CC 系统的组成如图 4－27 所示。每个 CC 机架安装在带锁的柜子中。该单元安装在开放的支架里，与框架相配。CC 机架有两个机笼，包括一个 ATP/ATO 处理器和外围设备，一个与安全继电器和连接器接口的面板。

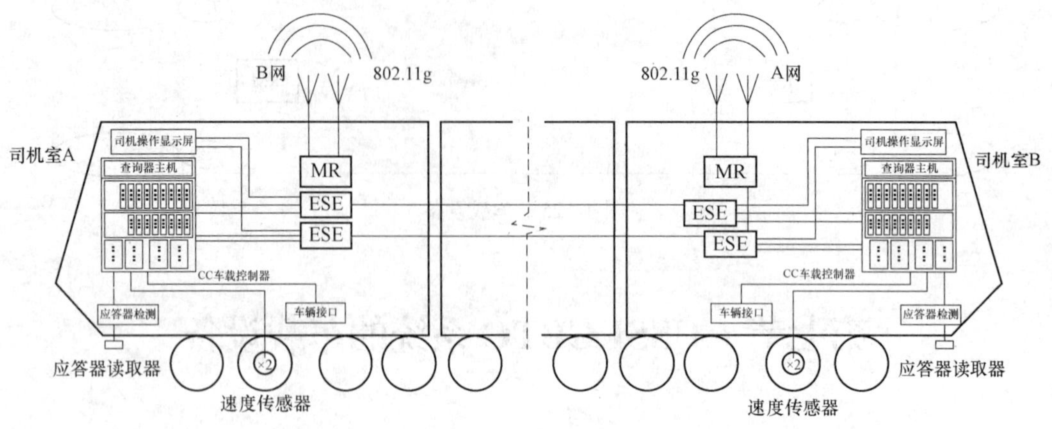

图 4－27　CC 系统的组成

1. 车载控制器

图 4－28 所示为三取二 CCTE 设计的部件图。这些 CCTE 是冗余的控制器，在每个单个故障发生时，它都会提供安全的列车防护。它们通过各自的应用模块（AP）的独立运算和相互存储交换模块（ME）交换结果，再通过表决器模块（VO）表决，保证三个计算机至少有两个的结果一致，来实现上述功能。如果表决同意，CCTE 通过 PMC 模块发送控制信号给列车，允许列车继续运行。这就保证了在单点故障时的安全运行。

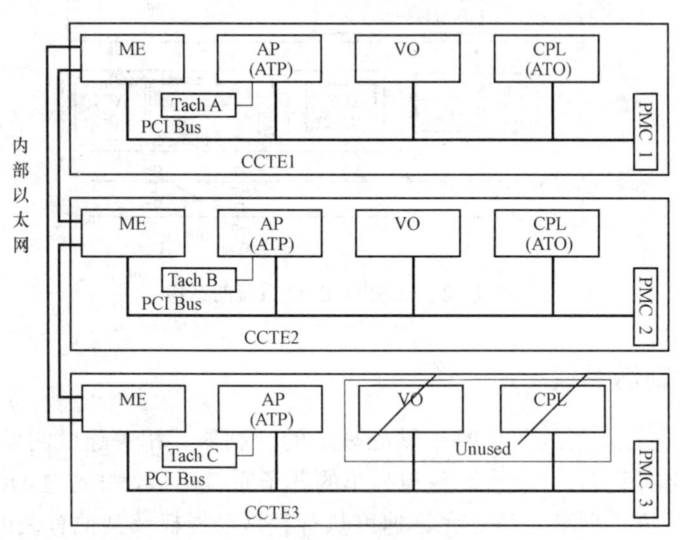

图 4－28　三取二 CCTE 设计的部件图

ME—存储交换模块；AP—应用模块；VO—表决器模块；CPL—耦合器模块；
CCTE—车载控制器；Tach—环；PCI Bus—外联网；PMC—移动通信

2. 应答器读取器

每端 CC 配置一个应答器读取器，安装在列车的转向架上。应答器读取器使用两个不同的通道来提供信息给车载控制器：一个指示开/关状态的电磁场强度信号和一个数据的串口连接。串口连接也提供诊断信息通道以便 CC 能够监视应答器读取器的状态。此外，车载控制器关联来自读取器的诊断信息、磁场强度信号和关于应答器正在读取的信息来判断是否应答器读取器故障。

3. 速度传感器

列车每端安装两个 DF16 型电光速度传感器，分别安装在不同的非动力轮轴上，两者独立地测量列车的位移和速度。每一个速度传感器包含四条独立通道，四个通道等间隔地分布在一个圆形的传感器基座上。从顶部顺时针数，分为两组，一组是通道 1 和通道 2（有 90°的相移），另一组是通道 3 和通道 4（有 90°的相移）。两组彼此独立（不同的通道采用独立的电源并且是相互电隔离的、独立的机械结构），即通道 2 和通道 3 没有关系，通道 4 和通道 1 也没有关系。两个速度传感器安装在两个不同的轴上，两者采用独立的方法测量列车的位移和速度，即使其中一个速度传感器部分失效但其他车载零部件工作正常时，CC 将继续正常工作。但当一个速度传感器完全故障后，由于系统无法区分打滑和故障，超过一定时间后，CC 将实施 EB，列车只能以信号切除模式运行。

CC 采用三取二的结构，如果供电板 1 失效，变成了二取二的结构，但 ATP_2 和 ATP_3 仍然能收到测距数据，CC 功能不会受到失去数据来源的危害。

4. 加速度计

每个 CC 设置四个加速度计，分为两套，每套包括一个数字型、一个模拟型，安装在 CC 机柜底部。两套设备互为冗余，用于提高系统的有效性和可靠性。为了消除共模错误，模拟和数字设备选用不同厂家的产品。通过两套设备交叉检查测量来保证系统的安全。

必须对每套加速度计做一个比较，以确认输出的有效性。空转/滑行开始时，列车使用空转/滑行开始前的速度，利用加速度仪进行补偿，来计算当前的速度和位置。一旦空转/滑行结束，速度和位移的测量将切换回速度传感器。

CC 容许某一个加速度计失效。当任一个加速度计故障后，不影响列车正常运行。当两个同型号的加速度计同时故障时，CC 将无法为列车防护功能提供加速度测量；当两个不同型号的加速度计同时故障时，根据它们在系统中的位置，CC 仍然可以提供加速度测量。

当加速度测量无效时，CC 能继续测量列车的速度和列车的位移，在滑行情况下，不能以加速的方式进行补偿。只要列车位置的不确定距离小于最大极限值（30 m），列车就能保持定位并继续正常运行。

5. 司机操作设备

列车司机显示器包含部分冗余：双以太网端口。

列车司机显示器配有几个开关和按钮，包括但不限于：司机确认按钮。

列车司机显示器的显示信息包括但不限于：停站时间结束、车载设备状态、当前驾驶模式、超速、速度表、目标距离（至限速点或停车点）。

6. 车载通信网络

车载数据通信系统（DCS）由移动通信设备（MR）和 MR 天线构成。在列车每端，安装有一个 MR 和两个 MR 天线。MR 是车载无线设备，用来在车载设备（如车载 ATP 和 ATO 设备）和轨旁设备间传输数据。车载 ATP 和 ATO 设备通过两个独立的以太网连接到 MR。CC 的以太网扩展设备（集成在以太网延长器板上）利用双绞线彼此连接，实现车厢之间的网络通信。

车载数据通信网络提供车载设备间的通信接口。列车的本地通信经过滤处理，信息不向外部发送。

7. 子系统信息交换

（1）区域控制器（ZC）到车载控制器（CC）

通道基于 10/100 Mbps 以太网连接、光纤骨干网和 802.11g 无线局域网，使用 UDP/IP 协议。

交换的信息为：同步信息、CC 的信息，由 ZC 授权，包括移动授权、停车保证请求、一般数据（信号机状态、道岔状态、区域防护状态、故障区域状态、控制模式禁止、站台可用信息、站台自动折返按钮状态）、临时限速、轨道数据库授权。

（2）车载控制器（CC）到区域控制器（ZC）

交换的信息为：同步信息、轨道数据库请求信息和临时限速信息，包括列车位置报告（车头车尾位置、不确定位置、列车运行方向、速度、激活状态和停车状态）、列车在 CBTC 系统控制下、轨旁信号机灭灯授权、列车完整报警、列车倒溜报警、列车站台停稳、移动授权下的停车保证确认、站台安全门门控和开/关门（如有）命令。

（3）车载控制器（CC）到 ATS 系统（通过数据存储单元）

交换的信息为：列车位置报告、列车位置丢失状态、列车调整状态（运行等级）、扣车状态、列车报警状态、CC 运行状态、驾驶室按钮和开关状态、ATO 模式故障和停车失准。

第八节　CITYFLO 650 型 CBTC 系统的车载设备

一、系统结构

CITYFLO 650 型 CBTC 系统主要由 ATS 系统、ATP 系统、ATO 系统、联锁系统、DTS 和 TWC 系统等组成。

CITYFLO 650 型 CBTC 系统从控制、信息流及设备酌分布来看，可分为以下层次：控制中心 ATS 设备；DTS 网络设备；车站设备；TWC 轨旁设备；车载设备；轨旁基础设备。

CITYFLO 650 型 CBTC 系统示意图如图 4－29 所示。

二、车载设备

CITYFLO 650 型 CBTC 系统为每一列车配置两套 CITYFLO 的车载 ATP 和 ATO 系统，即 VATP/VATO（VATC），采用符合故障一安全原则的双通道冗余校验（二取二）

结构，可实现热备切换。它能与 RATP/RATO 共同实现列车间隔控制及列车追踪功能，实现各种驾驶模式及其转换。

图 4－30 为车载 ATP/ATO 系统（VATC）的结构示意图。

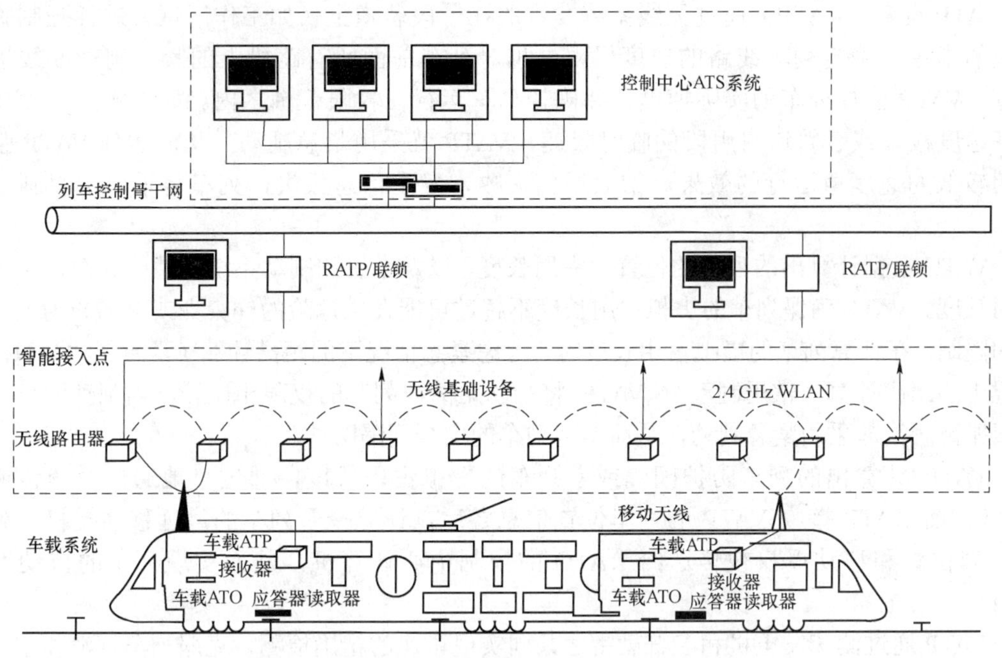

图 4－29　CITYFLO 650 型 CBTC 系统示意图

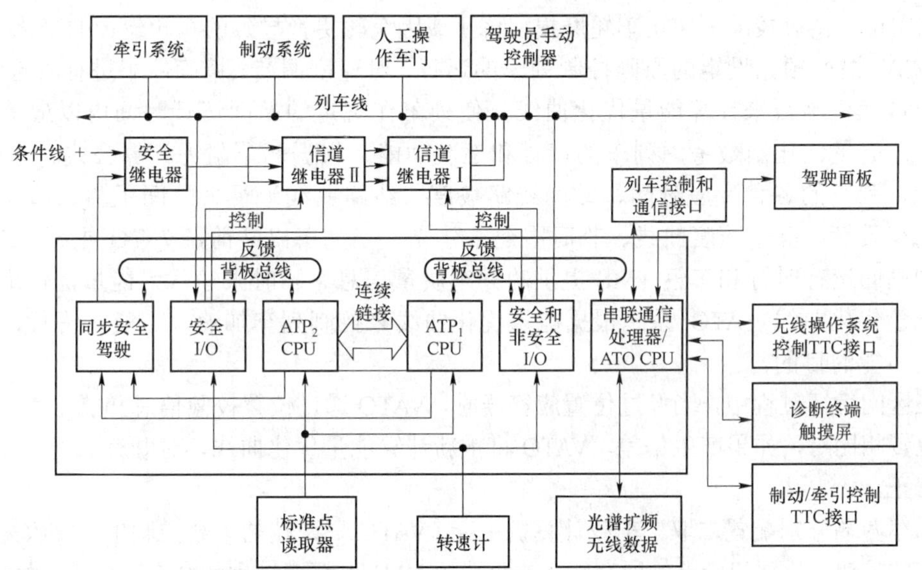

图 4－30　车载 ATP/ATO 系统（VATC）的结构示意图

VATP 由冗余设置且相互校验的安全微处理器构成。VATP 通过安装在车上的辅助装置，包括车载天线、测速发电机、多普勒雷达、应答器读取器和用于表示系统物理拓扑（物理地图）信息的 VATC 所含的线路数据库，确定列车的位置。位置传感器和物理地图向 VATC 提供对列车进行精确定位所有必要的信息，并根据列车长度来确定列车两端的位置。

为实现列车超速防护，VATP 通过查找在轨道数据库中存储的线路限速信息或根据由地面 ATP 设备（RATP）通过无线系统发来的在一段轨道上（如工作区域）进行强制临时限速的指令，确定列车线路的速度极限，也对列车前面所有路段上的紧急制动曲线进行计算。VATP 监控列车的实际速度，并确认列车运行在权限范围之内。如果实际速度超过允许速度极限或者轨道占用段的临时限速，VATP 就采用紧急制动，从而达到 VATP 强制采用较低的速度值运行的效果。如果通信失败，发生信息丢失，列车将采取常用制动并停车。

VATC 根据计算出的列车的位置和占用长度，以及牵引和制动系统的性能参数计算虚拟占用长度。VATP 确保列车的虚拟占用长度不超过可能发生危险的冲突点或 RATP 为列车设定的限制。在计算列车的虚拟占用长度时，考虑紧急情况下的距离计算（紧急制动）和一般情况下的距离计算（常用制动）。VATP 将制动距离与列车的权限相比较，当制动距离大于权限距离时，即采用紧急制动，从而实现列车的安全间隔防护。

VATP 计算出的列车防护间隔或者列车的虚拟占用长度，通过车地通信系统传递给 RATP，而 RATP 接收 VATP 的列车位置信息之后，计算授予列车的最远移动授权，列车的物理位置和移动授权被传送给 RATO 的控制中心计算机，从而实现列车的自动追踪运行。

VATP 通过测速发电机和多普勒雷达共同实现车速的精确检测，克服列车打滑和空转的影响，补偿相应误差。通过应答器读取器读取沿轨道分布的应答器中所含的地理位置信息，提供列车位置精确校准，纠正车轮磨损，修正或因车轮更换导致的车轮轮径的变化误差。

VATO 根据预先设定的原则控制列车的运行，对速度调节、精确停车进行管理。VATO 采用能量优化函数来计算能量优化曲线，使列车在规定的站间运行时间内以最节能的方式运行。能量优化函数考虑列车的惰行和巡航功能，根据刹车阻力计算公式、牵引/制动力性能、列车的各种反应时间、站间线路坡度、线路曲线半径、站间距离、站间运行时间、列车质量、静态速度曲线、临时限速来建立。当列车出站前，VATO 根据 ATS 系统提供的站间运行时分和车辆 TMS 提供的列车质量信息、临时限速代入能量优化函数，计算出能量优化曲线。ATO 系统根据能量优化曲线来控制列车加速、巡航、惰行、制动，以达到节能的目的。

在区间运行过程中，当经过位置应答器时，VATO 通过位置校验信息和能量优化曲线的列车位置相比对，如果产生偏差，VATO 将重新计算能量优化曲线，对既有的能量优化曲线进行修正。

列车两端分别配置二取二车载计算机单元（VATC），两端的车载控制单元接收来自两个司机室的按钮、开关和接点的所有输入，两端的 HMI 也都连接到两个 VATC 中，两个 VATC 的安全输出由列车以一种能提高可用性的方式连接在一起。在正常运行时，列车受到冗余环境中的前端司机室 ATO 设备的控制和 ATP 设备的监督。后端的 VATC 处于备用模式。如果前端 VATC 检测到内部故障（测速发电机、传感器、雷达、应答器读取器、天线等），控制功能被切换到后端车载控制单元，前端车载控制单元进入故障模式。切换过程不会产生紧急制动，并且切换后列车将以同样的运行模式继续运行。

三、TWC 系统

TWC 系统的示意图如图 4－31 所示，由 TWC 网络设备、TWC 轨旁设备（轨旁数据无线装置 RAP、漏泄电缆等）和车载无线设备组成，提供列车和轨旁 ATP 系统之间的无线通信。

列车通过无线网络经漏泄电缆和 RAP 与 TWC 网络相联系，TWC 网络经设于区域控制站的 TWC 网络核心设备与设于区域控制站的地面 ATP 设备（RATP）相联系。TWC 网络为全冗余设计独立的数据网络，具有很高的可靠性，可以克服任何单点故障，数据传输速度较快。

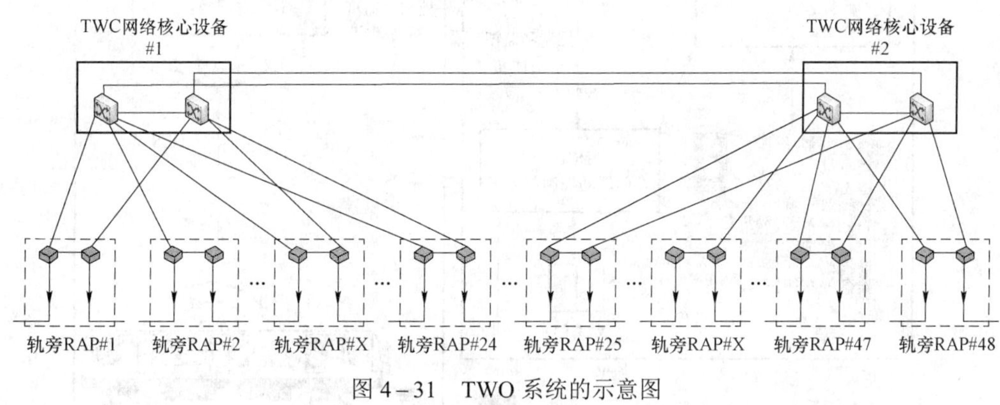

图 4－31 TWO 系统的示意图

第九节 SPARCS 型 CBTC 系统的车载设备

一、系统结构

SPARCS 型 CBCT 系统由 ATP 系统、ATO 系统、CI 系统、ATS 系统、数据通信系统（DCS）和维护支持系统（MSS）六个子系统组成，其中 ATP 系统、CI 系统采用二乘二取二安全平台，其安全完善度等级达到 SIL4 级，系统组成图如图 4－32 所示。

二、车载 ATP/ATO 系统

车载系统采用一体化设计方案，即车载 ATP/ATO 系统硬件一体化，不独立设置，系统组成图如图 4－33 所示。

车载系统主要由如下设备构成：

① 逻辑部，每端各一套二取二，互为冗余。

② 接口设备，每端各设置一套与车辆的接口设备。

③ 测速装置，每端各安装两台测速传感器 TG。

④ 车载应答器接收天线，每端各安装一个，用于接收地面应答器的报文信息。

⑤ 车载无线电台，每端各安装两个，互为冗余。

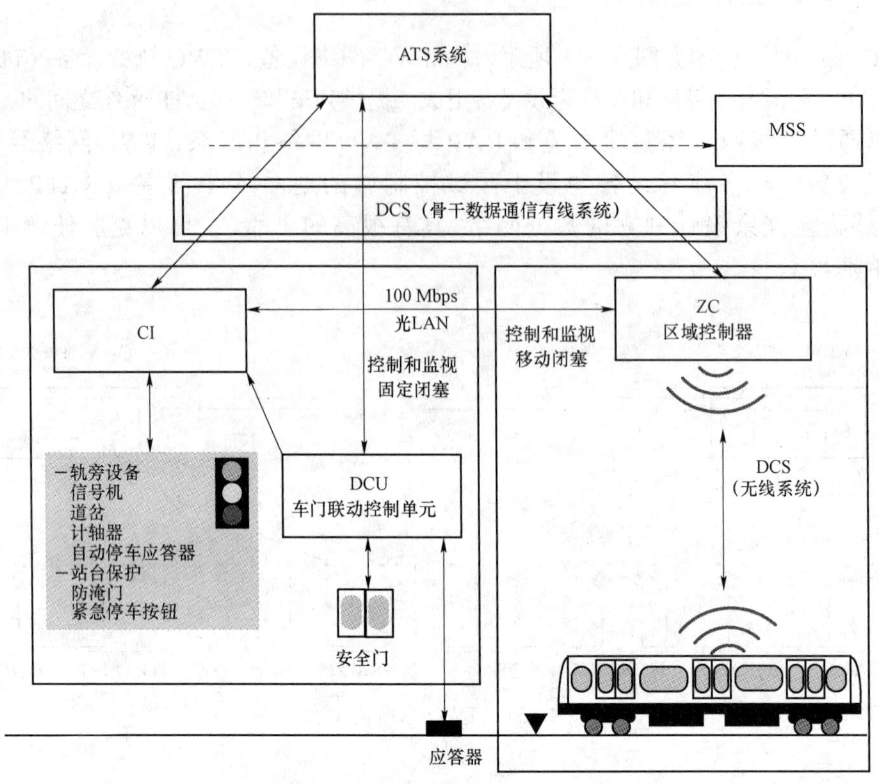

图 4－32　SPARCS 系统组成图

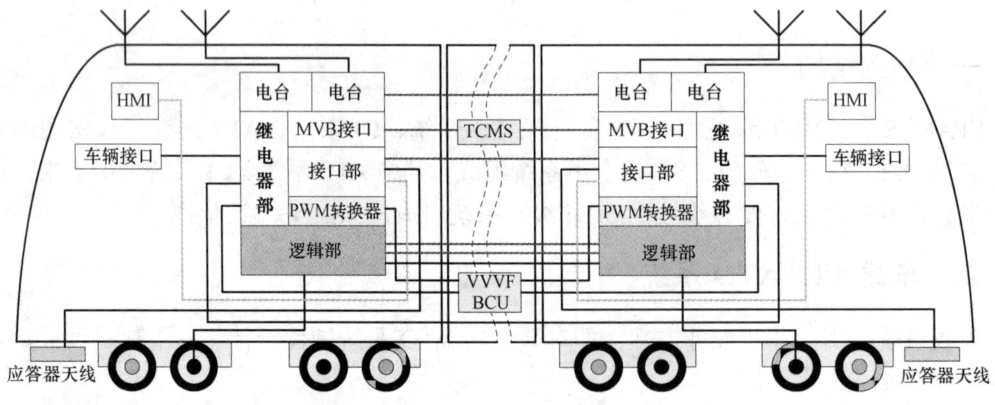

图 4－33　车载系统组成图

⑥ 无线自由波天线，每端各安装两个，用于实现与地面无线设备的无线通信。

⑦ 两端车载设备之间设置贯通线，用于信息的交互。

⑧ HMI，每端各设置一个，为司机提供驾驶信息和操作平台。

复习思考题

1. iTC 型列车自动控制系统有哪些主要技术特点？
2. 简述 iTC 型车载控制器的功能和结构。
3. 简述编码里程计的结构和工作原理。
4. 车载网络有何作用？
5. LCF－300 型 CBTC 系统的车载设备有哪些特点？
6. 简述 LCF－300 型 VOBC 系统的构成和工作原理。
7. 车载查询器有何作用？
8. LCF－300 型采用何种速度传感器？简述其工作原理。
9. LCF－300 型 VOBC 系统与地面系统有哪些接口？
10. 简述 MTC－Ⅰ型车载 ATP 系统的组成。
11. 简述 MTC－Ⅰ型车载 ATO 系统的组成。
12. 简述 TRAINGUARD MT 系统的组成。
13. 基于感应环线的 SelTrac S40 型 CBTC 系统的车载设备有何特点？
14. 简述基于感应环线的 SelTrac S40 型 CBTC 系统的组成。
15. 简述基于感应环线的 SelTrac S40 型 CBTC 系统的 VOBC 的工作原理。
16. 简述基于感应环线的 SelTrac S40 型 CBTC 系统的 VOBC 的外围设备。
17. 基于感应环线的 SelTrac S40 型 CBTC 系统如何进行车地通信？
18. 基于无线通信的 SelTrac S40 型 CBTC 系统的车载设备与基于感应环线的 SelTrac S40 型 CBTC 系统的车载设备有何不同？
19. 简述采用波导传输的 Urbalis TM 型 CBTC 系统的车载设备的结构和工作原理。
20. 简述采用无线网络传输的 Urbalis TM 型 CBTC 系统的车载设备的结构和工作原理。
21. USSI CBTC 系统的车载控制器系统由哪些部分组成？各起什么作用？
22. USSI CBTC 系统采用何种速度传感器？简述其工作原理。
23. 简述 CITYFLO 650 型 BCTC 系统的车载设备的结构和工作原理。
24. 简述 SPARCS 型 CBTC 系统的车载设备的结构和工作原理。
25. 比较各型 CBTC 系统的车载控制器的异同。
26. 比较各型 CBTC 系统的 TWC 系统的异同。
27. 比较各型 CBTC 系统的速度传感器的异同。
28. 比较各型 CBTC 系统的车载通信网络的异同。
29. 比较各型 CBTC 系统的信息交换的异同。
30. CBTC 系统的车载设备与基于轨道电路的 ATC 系统的车载设备有哪些区别？

附录A 缩 略 语

A

ADM 系统管理服务器
ADU 特征显示单元
AM 列车自动运行驾驶
AP 接入点、轨旁无线单元
AR 自动折返驾驶
ATC 列车自动控制
ATI 列车到达时刻显示器
ATO 列车自动运行
ATP 列车自动防护
ATR 列车自动调整

B

BCU 制动控制单元
BECU 制动微机控制单元
BIT 在线检测
BTM 应答器车载查询器

C

CAN 控制器局域网
CBI 计算机联锁
CBTC 基于通信的列车自动控制
CC 车载控制器
CCTE 车载控制器
CCTV 视频监控
CI 计算机联锁
CLC 线路控制器
CM ATP 监督下的人工驾驶模式
COM 通信服务器
CPL 耦合器模块
CPM 中央处理单元
CPS 条件电源
CPU 中央处理单元
CRC 循环冗余校验
CTC 集中控制中心

D

DCS 数据通信系统
DDU 司机显示单元
DI 安全型输入、数字量输入
DIV 相异性
DLR TWC 信标
DMI 司机显示单元、司机接口
DS 演示系统
DSB 安全输出
DTI 发车时刻显示器
DTO 有人跟车的无人驾驶自动化运行模式

E

EB 紧急制动
EBCU 制动微机控制单元
ECC 元件接口模块
EDCU 电子门控单元
EOA 授权终点
EPROM 可擦编程只读存储器

F

FAB 非安全模拟
FAS 火灾自动报警系统
FDB 数字非安全输出
FEP 前端处理器
FSK 频移键控

G

GOA　自动运行等级

H

HMI　人机接口、人机界面

I

I/O　输入/输出
ICM　输入控制模板
ICU　控制单元
ID　识别、标识
IEC　国际电工委员会
IRU　接口继电器单元

L

LAN　局域网
LATS　车站 ATS
LC　车站控制、线路控制器
LCC　本地控制台
LCP　局部控制盘
LEU　地面电子单元
LIU　环线调谐单元
LOW　操作工作站
LTE　长期演进系统

M

MB　母板
MDO　非安全数字输出
ME　存储交换模块
MMI　人机界面、人机接口
MMS　维护管理系统
MR　移动通信设备
MRR　中央人工进路
MSS　维护支持系统
MTIB　动态初始化应答器
MVB　多功能车辆总线

N

NISAL　数字集成安全保障逻辑
NMS　网络管理系统
NVLE　非安全逻辑模拟器

O

OCM　输出控制模板
ODI　操作／显示接口

P

PB　停车制动
PCU　过程耦合单元
PEP　站台紧急按钮
PF　工频
PIIS　乘客信息和向导系统
PIS　乘客向导系统、乘客信息系统
PM　转辙机
PMC　移动通信
PSB　高功率安全输出
PSD　站台安全门
PTI　列车位置识别
PTU　便携测试单元
PVID　永久车辆标识

R

RCC　远程通信控制器
RM　限制人工驾驶
RMO　限速模式
RS　车辆

S

SB　脚踏闸
SCADA　监控与数据采集系统
SCC　串行通信控制器、车站控制计算机
SCI　计算机联锁
SCR　车站控制室
S&D　服务和诊断

SDTC　数字轨道电路
SER　信号设备室
SIL　安全完整度等级
SM　列车自动防护驾驶、系统维护台、系统维护模块
SMC　系统管理中心
SO　维护操作台
STC　车站控制器
STO　有人驾驶的自动化运行模式
STS　厂家测试成套设备
SYN　同步环线

T

TCMS　列车控制和管理系统
TDT　列车发车计时器
TMIS　列车信息管理系统
TOD　司机显示盘
TSCU-V　轨旁安全计算机单元
TSP　轨旁安全平台
TTE　时刻表编辑器
TU　列车无线单元
TVP　轨道空闲处理
TWC　车地通信

U

UPS　不间断电源
UTO　全自动无人驾驶模式

V

VAS　车辆报告系统
VCC　车辆控制中心
VCP　安全编码处理器
VCS　车辆通信系统
VDI　安全数字输入
VDO　安全数字输出
VHM　车况监视器
VIOC　安全输入输出处理器
VIOM　安全输入输出单元
VO　表决器模块
VOBC　车载控制器
VVVF　变压变频调速

W

WCC　轨旁通信控制器
WB　轮径校正应答器

Z

ZC　区域控制器
ZLC　车站联锁

参 考 文 献

［1］朱宏，林瑜筠. 城市轨道交通概论［M］. 北京：中国铁道出版社，2011.

［2］林瑜筠. 城市轨道交通信号［M］. 3 版. 北京：中国铁道出版社，2015.

［3］林瑜筠. 城市轨道交通信号基础设备［M］. 北京：中国铁道出版社，2012.

［4］林瑜筠. 城市轨道交通联锁系统［M］. 2 版. 北京：中国铁道出版社，2018.

［5］林瑜筠. 城市轨道交通列车自动控制系统维护［M］. 北京：中国铁道出版社，2014.